揺らぐ日本のクラシック

歴史から問う音楽ビジネスの未来

渋谷ゆう子 Shibuya Yuko

はじめに

日本にはクラシック音楽が満ち溢れている。

カフェやレストランで、駅の発車音楽として暮らしの中に溶けこみ、今日も全国各地でコンサートが開かれている。

反面、これまでに何度「クラシック音楽の危機」「音楽文化の喪失」といった言葉を見聞きしただろうか。これらのネガティブな言葉の数々は、新聞や音楽雑誌、ネット記事から個人ブログまであらゆる媒体で語られ、不穏な空気となって随分と長くこの国を覆っている。特にコロナ禍ではオーケストラが観客に直接演奏を届けられない事態に陥り、コンサートは延期・中止され続け、団体の存続が危ぶまれただけでなく、実際に廃業に追い込まれた演奏家すらいる。

2020年から数年のこうした〝崖っぷち〟状況はなんとか脱出できた現在ではあるが、

もともと存在していた「危機的状況」は未だそこにあると言われ続けている（もうかれこれ30年は続いているので、もはや通常運転ではないかとも思えるが）。

一方で、クラシック音楽にはハイソサエティな印象が先行し、あたかも経済的に潤い続ける、上級で閉鎖的なものだというイメージも根強くある。クラシック音楽の世界は一般人には遠いもので、特権階級の文化であるとさえ認識されているふしがある。

例えば某人気テレビ番組の、数十万円のヴァイオリンと、数億円以上の値段がつけられたストラディバリウスの音色を聴き比べるコーナーもそのひとつだ。こうしたコンテンツは「音の違いがわかること＝上級な知識人の嗜み」という認識を植え付け、特別感を際立たせる。あるいは、元日にＮＨＫで生中継されるウィーン・フィルハーモニー管弦楽団のニューイヤーコンサートの華やかさや、そこに集まるＶＩＰたちの顔ぶれから、一般人とかけ離れたイメージが持たれることもあるだろう。そのウィーン・フィルが舞踏会を催し、御伽話のような煌びやかなワルツを正装で踊ることもまた、ある種の裕福さのイメージを際立たせてもいるだろう。オーストリアでは全ての舞踏会がＶＩＰのためのものではなく、市民が気軽に参加できる伝統があるのだが、日本でそのことはあまり知られていない。

さらにＳＮＳでは「クラシック音楽は敷居が高い」かどうかが定期的に話題にのぼる。ひと口に敷居といっても、チケット代が高いことなのか、楽曲に対する理解の困難さについてなのか、はたまた単なるイメージだけのものなのか、議論は多岐に渡る。そして、枝葉に議論が分かれたうえに誤解とねじれまで生じて、着地点がないまま霧散し、また数ヶ月経つと同じ話題が蒸し返される。

さらに不幸なことに、その言い争いをクラシック音楽に少し興味を持ち始めた人たちが不用意に目にしてしまい、気がそがれる要因になってしまう。せっかくその高そうな敷居を跨ごうとする人がいても、早々に出端をくじかれてしまうのだ。こうしてますます新規参入者を遠ざける、笑えない負の連鎖が繰り返されているところさえある。

とはいえ高級でハイソサエティであるという印象は、あながち間違いではない。ある意味本質の一部である。クラシック音楽には、貴族文化の後ろ盾のうえに、競うように作曲家たちが創作を行ってきた歴史があるからだ。そうして生まれた音楽を最初に享受できたのが王侯貴族であったことは間違いなく、経済的に成功した新興市民によって広く発展していったのは、もう少し時代が下ってからであった。

こうした歴史については後述するが、音楽教育の中でクラシック音楽に「教科書の一部」

として触れた経験を、多くの日本人が持っているはずだ。その中で歴史上の貴族文化の側面だけを覚えており、距離を感じてしまうのはわからなくもない。こうした素朴な感覚のうえに、先に述べた人気テレビ番組のコーナーは成り立っている。

日本のクラシックはどこから来てどこへ行くのか

しかし一方、演奏する側に視点を移すと、演奏だけでは食べていけないアーティストや、オーケストラの存続の危機など、およそ景気のいい話題は少ない。

最近では2024年1月にニューヨークにあるメトロポリタン歌劇場が経営危機により、基金から4000万ドル（約60億円）を切り崩して補塡（ほてん）すると発表した。前年にもすでに3000万ドルを拠出していることから、2年で100億円以上を補塡したことになる。パンデミックをレイオフ（団員の一時解雇）で乗り切って物議を醸（かも）した同劇場が、通常開催に戻ってチケット売り上げを大きく伸ばしたタイミングであったにもかかわらず、である。世界でも有数の歌劇場ですらこの状況であり、オペラを含むクラシック音楽業界は、とてもではないが儲かってなどいない。

日本に目を移せば、オーケストラの運営事務局は常に経営に頭を悩ませ、集客の難しさを訴えている。有名な海外オーケストラの来日公演の高額チケットが飛ぶように売れる一方で、定期会員を集めることすら困難な日本のオーケストラは数多ある。またショパン国際ピアノコンクールなど国際コンクールで名を上げた演奏家のコンサートが客を集める一方で、丁寧なプログラムを長年続けてきた力量のある、しかしコアなファン以外には知られていないアーティストに協賛企業がつかず、コンサートの開催すら危ぶまれることは珍しくない。そして今では欧州の主要オーケストラも、日本ツアーではなく〝アジアツアー〟、つまり中国や韓国へのツアーの一部に日本を組み入れるようになってしまった。

かつて指揮者・小澤征爾が華々しく欧州やアメリカで活躍し、希望に満ち溢れていた時代があった。世界中の演奏家が日本でコンサートを行い、若者を指導し、日本のオーケストラの常任指揮者となって文化を発展させた。また、そうして育った若い演奏家が海外に留学して、クラシック音楽の本場である欧州や音楽ビジネスの最先端を行くアメリカで学び、その成果を日本に持ち帰ってきた。

こうした人々が次世代の層を厚くしてきたことは確かである。戦後、そして高度成長期の経済的な余裕のある時期に、日本のクラシック音楽は発展してきた。しかしバブル崩壊とともに経済的余裕がなくなってのち、危機だ危機だと言われ始めたのだ。

日本のクラシック音楽は、どう変化してきたのだろうか。文化として我々の心に根付いているのだろうか。日本古来の固有の文化のように、人々の心の支えのひとつとして、継承していかねばならないものなのだろうか。

実際のところ、日本におけるクラシック音楽とはなんだろう。どのように生まれて発展し、現在何が起こっているのだろうか。演奏家を目指すための、あるいは一般教養としての音楽の教育制度はいかに整備され、今どのような状況にあるのだろうか。演奏する側とそれを聴く側だけでなく、音楽芸術をビジネスとして運営する側の視点から今のクラシック業界の現状を整理することなくして、危機は計測できないのではないか。

今日もまた囁(ささや)かれている。客層はほぼシニアで、このまま世代交代できずにクラシック音楽にはファンがいなくなってしまうのではないかと。日本のクラシック音楽は死んでしまうのではないかと。これは演奏会に足を運ぶ観客たちの、偽らざる実感の一部である。

しかし、ここに一つのデータが存在する。演奏会に足を運ぶ世代別の割合は、この30年で、20代はほとんど変化していないのだ。

これについては本文で詳細に述べるとして、まずは現状を把握することが本書の目指すところである。死んでしまうにせよ、生き永らえるにせよ、それを言い切るには何にしても根拠が必要ではないか。現状が把握できなければ対処法も考えられない。

筆者は主にこれまでクラシック音楽の録音、コンテンツビジネスに生業（なりわい）として関わってきた。また2024年より自身の育った土地である香川県で県民ホールの文化事業プロデューサーを務め、また香川県、徳島県のホールでのコンテンツ制作のコーディネートに従事している。官民両方からの意見を聞きながら、文化事業とは何か、文化振興とビジネスの交差する場所はどこにあるか、頭を悩ませる毎日である。

そうした、経験と体感を踏まえて考察することで、本書が今後の各地の音楽文化を育てる一助となればと願う。そして、クラシック音楽の魅力をより多くの人々に伝え、人生のひとときを豊かにするお手伝いができれば幸いである。

日本のクラシック音楽はどう成り立ってきたか、そして今はどのようになっているのか、未来につなげることはできるのか。歴史と様々な研究、データを通して仔細に迫ってみたい。閉ざされてきた扉を開けてよかったのか、開けずにいたほうがよかったのかは、本書を読み終えた後、読者諸氏にご判断いただきたい。

揺らぐ日本のクラシック――歴史から問う音楽ビジネスの未来　目次

真の芸術に宿る普遍性

第1章 かくも厳しきクラシック

「日本のクラシックのチケットは売れてる？」

「日本人は本当にクラシック音楽が好きだね。いつ頃からなの？　そして、なぜなの？」

ウィーン楽友協会のステージ裏で、オーストリア放送協会のトーンマイスター（録音に携わる、国家資格を持つエンジニア）からそう尋ねられたことがある。それはあのウィーン・フィルのニューイヤーコンサートのリハーサルが行われているバックヤードで、テレビやラジオのスタッフ、CDを制作するチームが忙しなく働いていた現場でのことだ。

「最近は中国や韓国の人も多いけど、以前はアジアの中では日本人が圧倒的に多かったよ」

彼はかれこれ30年以上、このニューイヤーコンサートに携わっている。元日にNHKで生中継されているウィーン・フィルのニューイヤーコンサートには、確かに客席に日本人がいるとすぐにわかる。着物を着ているからだ。実際に会場にいるとそこかしこで日本語が聞こえてくるので、かつてはアジア人の中で日本人が目に見えて多かったという彼の印象に嘘はないのだろう。

このニューイヤーコンサートは、世界中のクラシック音楽ファンが死ぬまでに一度は行きたいと熱望するコンサートだ。そのチケットの抽選販売には恐ろしい数の申し込みがあり、転売されて一席100万円の値が付くことさえある。

先のトーンマイスターは加えてこう言った。

「まあ、このニューイヤーコンサートだって、かつてウィーン・フィルが暖房費を稼ぐために回数を多くしたのだしね」

その歴史については別の機会に譲るとして、ともかく私たちはクラシック音楽界の最高峰であるコンサートのリハーサルの裏で、夢のように美しい音楽を聴きながら、やたらと現実的であからさまなカネの話をしていた。

さらに彼はこう加えた。

「ウィーン・フィルのこれだけ高額なチケットが売れることは喜ばしいけれど、それが一極集中的であれば音楽業界全般としては成り立たない。日本ではどうなの？」

クラシック音楽界のシビアな現実

日本国内でも、高額チケットが飛ぶように売れる現象は時に見られる。

2023年に来日ツアーを行ったベルリン・フィルハーモニー管弦楽団の公演のS席は、4万5000円の値段にもかかわらず軒並み完売。またウィーン・フィルも同程度のチケット価格で毎年のように来日公演を行っている。どちらも世界最高峰と呼ばれる、長い歴史と抜群の知名度を誇るオーケストラだ。海外の有名歌劇場の来日オペラ公演となればさらにチケット価格は高騰する。2024年6月〜7月に来日公演を行った英国ロイヤル・オペラはS席7万2000円、最も安価なE席でも2万2000円だった。海外からの移動費や宿泊費、ツアーの場合は国内での移動費に加えて、舞台装置や衣装など大掛かりな荷物の運搬にも経費がかさみ、チケット代が高額にならざるを得ない事情はある。2024年7月には1ユーロ175円台をつけるなど、円安傾向の加速で海外奏者や指揮者へのギャランティがさらに高額になっている側面もある。

クラシック音楽の愛好家からすれば、どれほどチケット代が高くとも、海外に行って鑑賞するよりは安価であるため、自身を納得させながら大事にチケットを買い、鑑賞を心待ちにしているわけだが、クラシック音楽に興味のない人からすれば、その世界はいかにも「金持ちの趣味」に見えてしまうことだろう。

2023年の日本の給与所得者の平均年収は460万円。12ヶ月で割れば38万円の月収の中で、コンサートのチケットのために1万円以上を捻出するのは大きな負担である。クラシックやオペラ鑑賞が趣味だとわかるやいなや、どれだけ高所得者なのかと邪推されることすらある。さらには先に述べたニューイヤーコンサートのテレビ中継では、ホールでドレスアップした人々が大挙する様子が映され、ますますクラシック音楽の世界は高級なものだと印象づけることに一役も二役も買ってしまっている（あれは新年のフォーマルなイヴェントだからなのだが）。

しかしながら、実際のところ、クラシック音楽業界は全く潤ってはいない。それどころか、存続の危機に瀕している団体のほうが多く、経済的には全く恵まれていないのである。

プロのオーケストラとは何か

とはいえ、本当にそうなのかと訝る向きもあるだろう。まずは国内オーケストラに焦点を当ててみたい。

日本のプロのオーケストラ団体で組織される「公益社団法人日本オーケストラ連盟」には、正会員27楽団、準会員13楽団の合計40楽団が名を連ねている。日本オーケストラ連盟は１９６４年に東京都で活動する楽団によって結成された「東京オーケストラクラブ」がその始まりだ（１９７８年に「日本交響楽団連絡会議」と改組）。また東京以外の都市で活動するオーケストラの組織として、１９７２年に「地方交響楽団連盟」が設立した。以降「東京とそれ以外」という二極化状態だったオーケストラ組織が1989年に統合することを決定し、翌年に現在の日本オーケストラ連盟が発足した。

この連盟の加盟条件は、

① プロフェッショナル・オーケストラとしての演奏活動実績が2年以上あり、年間5回以上の定期演奏会をはじめ自主公演を10回以上行っていること。

② 固定給与を支給しているメンバーによる2管編成以上のプロフェッショナル・オーケストラであること。

③ 運営する主体として楽譜担当、舞台担当を含む事務局組織を持っているプロフェッショナル・オーケストラであること。

とされている。

つまり日本では、常設で継続的に演奏活動を行っているのがプロフェッショナル・オーケストラの基準になっているのだ。

「編成」というのはオーケストラの楽器編成と大まかな人数のことで、「2管編成」とは木管楽器（フルート、オーボエ、クラリネット、ファゴット）が2人ずついる形を表す。この木管楽器の人数、音の大きさを基準に金管楽器（トランペット、ホルン、トロンボーン、チューバなど）の人数が決まり、さらに弦楽器（ヴァイオリン、ヴィオラ、チェロ、コントラバス）と打楽器などが加わる。楽曲によって必要な楽器とその数は異なるが、2管編成では50～70人程度の奏者でオーケストラが構成される。

細かい話になるが、オーケストラの編成と人数を表す用語には、管楽器の人数に加え、弦楽器の人数を示す「型」という編成表記もある。2管編成で第一ヴァイオリンが8人、第二ヴァイオリン6人、ヴィオラ4人、チェロ3人、コントラバス1～2人の場合は、第一ヴァイオリンの人数から「8型」と呼ばれる。同じ2管編成でも第一ヴァイオリンを10人、以下それぞれ8人、6人、2人、2人などで構成された場合は「10型」となり、全体の人数が多くなる。

大編成の楽曲で有名なのは、グスタフ・マーラー作曲の「交響曲第6番イ短調」（5管編成）、アルノルト・シェーンベルク作曲の「グレの歌」（7管編成）あたりだろうか。どちらも100人を超える奏者が舞台に上がる。もっとも、これらの楽曲を演奏するからといってオーケストラが常時それだけの人数を雇用しているわけではない。必要に応じてエキストラ奏者やゲスト奏者に依頼して人員を確保し、コンサートを行うことが常だ。

とはいえ、一般的な2管編成以上の交響曲を演奏できるだけの人数に固定給与を支払い、事務局を有して運営を行うプロのオーケストラが、どれだけ大きな音楽組織であるかはおわかりいただけるであろう。

オーケストラの4つの分類

さらに、演奏家を有するだけでなく「事務局組織を持っている」のがプロのオーケストラだと規定されていることにも触れておきたい。

かつて欧州では指揮者がオーケストラ、歌劇場管弦楽団の楽長や音楽監督の役割を同時に務めており、さらには奏者の給与額までをも決めていた時代があった。だが現在では指揮者がそこまでの権限を持つことはなく、演奏集団を支えるマネジメント部門を持つ楽団がほとんどだ。例外として楽団員全員による選挙で運営委員が選出される制度を持つウィーン・フィルのような団体もあるが、日本のプロオーケストラはそうではない。財団法人や公益社団法人などの法人格を有し、理事会が演奏家と実務スタッフをそれぞれ雇用している。

この実務スタッフには、演奏家を支えるマネジメント部門として、舞台を円滑に運営するためのステージマネージャーや、楽譜を管理するライブラリアン、楽器や備品の管理を行うスタッフが含まれる。また演奏家も含めた人事労務管理を担うスタッフや、演奏会の企画や制作を担当し、スケジュールを管理する人員も必要だ。ここに挙げた彼らはオーケストラ内部との連携を図ってコンサートを滞りなく進めるための存在である。

もう一方で、外部との連携や営業を行うスタッフも必要だ。演奏会を行う施設との連携、指揮者やゲストソリストとの交渉や契約、企業に協賛してもらうための営業活動、チケット販売を委託する業者との関わりなど、その業務は多岐にわたる。

こうした演奏以外の業務を専門の職員が行うことで、オーケストラの団員は音楽に専念できる。日本オーケストラ連盟はこうした運営組織を持ち、演奏を続けていける団体をこそプロであるとしているわけだ(これには1980年に文化庁がオーケストラへの補助金支出の基準として「法人格を持つ」ことを内規に取り入れたことも背景にある)。

現在、その日本オーケストラ連盟に加入しているのはNHK交響楽団、東京都交響楽団、東京フィルハーモニー交響楽団など、都内で主に活動している楽団のほか、札幌交響楽団、九州交響楽団など地方に本拠地を置く楽団がある。

これらは主な資金源とその比率によって4つに分類ができる。一つ目に自治体によるバックアップを受け、運営についても影響力がある団体。東京都交響楽団や京都市交響楽団などである。二つ目は企業や放送局の助成のウェイトが高いNHK交響楽団や読売日本交響楽団などのパトロン型。三つ目に、自治体からの助成はあるものの、運営は行政主体ではない地方型で、これには九州交響楽団や神奈川フィルハーモニー管弦楽団などが挙げられる。最後に、他の楽団から演奏家が独立するなどして自発的に設立して運営を整備してきた、新日本フィルハーモニー交響楽団、東京フィルハーモニー交響楽団などの独立型がある。

日本ではこうしたプロのオーケストラが、全国で年間4000回近いコンサートを行っている。平均すると国内で毎日10箇所以上のコンサートホールでプロオケが演奏しているのだ。室内楽など少人数編成の公演や、ピアノリサイタルなどソロ演奏のコンサート、オペラなども含めると、さらに多くの演奏会が開かれている。

ライブ・エンタメの恐るべき規模

その開催場所であるコンサートホールに目を移すと、国内では現在1832の施設でクラシック音楽を楽しむことができる。[*] 施設は地方自治体の運営する比較的小規模な文化センターから、3600席規模のNHKホールや2000席規模のサントリーホール（ともに東京都）といった大ホール、一施設で大小複数のホールを持つ複合型施設、さらには民間運営のサロンホールや音楽ハウスまでさまざまだ。特に東京近郊では1500席以上の大ホールが30箇所あり、週末にはどの施設でも魅力的な企画が開催されている。

こうした音楽施設で開催されるコンサートのチケット代金はというと、日本のオーケストラのホール公演の場合、多くが1万円前後だ。小規模の会場ならばおよそ数千円が一般的である。自治体主催で地元密着型の演奏会ならば、クラシック音楽のラグジュアリーなイメージとは裏腹に、無料またはワンコインのものなど、気軽に足を運べる企画まである。つまりオーケストラのホール公演のチケット代は、ポップアーティストのライブのチケット代とそれほど変わらない。これがオーケストラ、ひいてはクラシック音楽のビジネスを難しくしている一因である。

お気づきかもしれないが、クラシック音楽のコンサートとポップアーティストのライブ（いわゆるライブ・エンタメ）とでは、観客の収容規模がまったく異なる。

ポップスやロックアーティストの公演は、しばしばアリーナなど超大規模施設で開催される。日本武道館でのコンサートでは舞台設営にもよるが、一度におよそ1万人程度を収容できる。東京ドームならば5万人だ。仮にチケット価格を一律1万円とすると、単純計算すれば1回のコンサートで武道館では1億円、東京ドームでは5億円のチケット収益が得られる。海外メジャーアーティストの公演になると、いい席は数万円のチケット価格がつけられるのが一般的なので、1回の公演でそれ以上の収益が見込める。

例えば2024年に行われた海外アーティストの東京ドーム公演のアリーナ席のチケット価格を見ると、エド・シーランが3万8000円、テイラー・スウィフトは一般席で3万円、限定グッズがセットになったステージに最も近いエリアのVIPパッケージは、12万2800円という高額がつけられた。しかもその高額席から完売したというのだから驚くほかない。

とはいえ、実はその5年ほど前の日本公演のチケット価格は両者とも1万4800円で、この数年でチケットが2~2・5倍程度値上がりしている。その一因として考えられるのは円安だが、円安のペース以上にチケット代が値上がりしているのが実情だ。

余談だが、例に出したテイラー・スウィフトについては、2023年12月に米「フォーブス」誌が発表した「世界で最も影響力がある女性100人（The World's 100 Most Powerful Women)」で5位にランクインし、保有資産は11億ドル(約1650億円/以下、1ドル=150円で換算)、ビリオネアの仲間入りを果たしているスーパーアーティストである。テイラー・スウィフトの公演収入は一晩のコンサートで数百万ドルとされ、2024年の東京ドームを含む世界ツアー「The Eras Tour」は、アメリカ公演だけで46億ドル(約6900億円)の経済効果を生み出した。

この46億ドルという数字は、ぴあ総研が予測した2024年の日本国内のライブ・エンターテインメントの市場規模(7100億円)とほぼ同じ数字だ。つまり日本のメジャーアーティストが束になって、ようやくテイラー・スウィフト1人分だということだ。

なぜそうした差が生まれるのだろうか。彼女が突出したアーティストであることを差し引いても、日本のメジャーアーティストによる国内公演に関して言えば、アメリカと比べてチケット価格がそれほど上がっていないことが理由のひとつとして考えられる。2023年の日本のアーティストの東京ドーム公演のチケット価格を見ても、例えば人気バンドback numberは全席一律9500円、アイドルグループの乃木坂46は1万800円で、両者ともそれぞれ5年ほど前と比べて上げ幅は1・2倍程度である。

とはいえ、東京ドームに数万人という多くのファンを集められる、つまりチケットが売れるアーティストであれば、ドームやアリーナ公演は経費その他を含めても十分にビジネスとして成立している。ドームに3万人を集められれば、チケットが1万円でも3億円のチケット収益が上がるのだから。

オーケストラコンサートは儲からない？

話がかなり脇道に逸れてしまったが、ではクラシック音楽の興行はどうかというと、ビジネスとしてはなかなかに厳しいと言わざるを得ない。先に述べた通り、まずもってポップアーティストのライブと比べて、観客の収容規模が小さいからだ。

クラシック音楽を演奏するコンサートホールは大きいところでも2000席程度が多い。そのホールで仮に全ての席で1万円の値段をつけても、収益は完売してやっと2000万円だ。通常音響の劣る場所や2階・3階席は大幅にチケット代金が下げられるため、最もいい席が1万円であっても、平均チケット代金が4000〜5000円であることも珍しくない。そう考えると、仮に2000席が完売しても、チケット収益予測は1000万円程度が関の山だ。

さらに、経費の負担も大きい。演奏会形式では舞台設備や照明、音響装置など大掛かりなものはあまり必要ないものの、オペラやバレエ公演ではセットが大きく、またそれが複数になることが常で、そのぶん設営経費が増える。バレエやオペラは出演人数が多くなるほどに衣装代もかさみ、稽古のために必要な施設使用料など、一度の公演にかかる経費が膨らみがちだ。

またオーケストラコンサートでは、ステージに上演から終演まで100名ほどの演奏家が上がっているが、ポップアーティストとバックダンサーほどの出演料の差はオーケストラの奏者間にはない(強いて言えば指揮者とコンサートマスターが他の演奏者より高い程度である)。そうした出演者が多いがゆえに膨らむギャラの問題も大きい。ギャラ以外だと、楽団が所有する楽器や各奏者の楽器購入費、そのメンテナンス費用などもある。

チケット代にさほどの差はなくても、大規模公演が打てるライブ・エンタメとクラシック音楽のコンサートの利益の規模は、全く異なるのだ。

補助金は「命綱」

こうした興行ビジネスに厳しさのある中で、日本のオーケストラ団体はどうやって組織を運営しているのか。

東京都交響楽団(以下、都響)を例に挙げよう。1965年に東京オリンピックの記念事業の一環として立ち上がったこのオーケストラは現在、指揮者の大野和士(おおのかずし)が音楽監督を務める、日本屈指の実力を誇るオーケストラのひとつである。東京文化会館やサントリーホール、東京芸術劇場での定期演奏会のほか、小中学生へ演奏を届ける音楽鑑賞教室や福祉施設の訪問演奏なども精力的に行っている。正統派クラシックのオーケストラ作品、交響曲だけでなくアニメソングなどポピュラー音楽の演奏も行い、国内で広く認知されている楽団だ。2021年7月に開催された東京2020オリンピック開会式での「オリンピック讃歌」の演奏や、東京都議会定例会での演奏など、公的なイヴェントでの活躍も多い。

運営は都の監理する「公益財団法人東京都交響楽団」が行う。故石原慎太郎(いしはらしんたろう)都知事より前は都知事が財団理事長を兼ねていた。自治体の直下で運営されているため、その活動には都民に対する文化振興や教育に携わることが期待されており、オーケストラもそれによく応えている。

では、都響の運営元の「正味財産増減計算書」を見てみよう。2022年度の数字だと、事業収益は約5・3億円。一方、運営の経常費用は約17・4億円。およそ経営が成り立つ構造ではない。通常の会社ならば倒産まったなしである。

しかし都響は東京都が監理する非営利団体なので、当然のことながら一般企業と単純比較はできない。楽団には東京都からの補助金、つまり税金が入っているからだ。同年度の「受取地方公共団体補助金」、つまり都からの補助金は10億円を超えており、受取国庫補助金（国からの補助金）も約1・3億円、民間からの補助金約620万円、寄付金約4400万円も合わせると総額12億円超になる。これに事業収益5・3億円と雑益などを合わせて経常収益が18・1億円。補助金が命綱となってなんとか経営を維持し、演奏活動を行えているのが実情だ。

こうした経営構造は都響に限った話ではない。九州唯一のプロオーケストラである九州交響楽団も、2021年度の事業収益約3・6億円に対して経常費用は約8・4億円。補助金の約3・8億円と寄付金6800万円強、その他雑益などを合わせてどうにか存続している。あるいは日本で最も演奏技量が高く、知名度も飛び抜けているNHK交響楽団（以下、N響）であっても同様だ。N響は「交響管弦楽によりわが国音楽芸術の向上、発展を図るとともに、放送出演、公開演奏の放送等によりNHKの事業に協力している」として、2022年はNHKより17億円が交付されているが、事業収益は約12億円にとどまる。つまり、運営母体であるNHKからの交付金がなければオーケストラを維持存続することはできない。

日本におけるオーケストラ運営、音楽シーンはまったく〝ビジネスとして成り立たない〟分野であるとさえ言える。

日本の音楽家は決して高給取りではない

都響や九響の事業収益と経常費用の比率を見ると、あることに気づく。とにかく経常費用がかかっているのだ。

まず、経常費用の中で何より大きいのが人件費だ。つまり演奏家へのギャラ（オーケストラの演奏者は「給与」と表現したほうが正しい）や、マネジメント部門に従事する職員の給与である。都響を例に出すと、2022年度の人件費はおよそ10億円弱で、経常費用の58％を占めている。待遇は東京都職員に準じる形で決められている。ただし、これは都の運営する団体だからこそ公開されているものだ。

しかし人件費が高いからといって、オーケストラの団員や職員が高給だというわけではなさそうだ。大木裕子による日本音楽家ユニオンオーケストラ協議会「日本のオーケストラ2000（賃金労働条件等実態一覧）」の資料を参考にすると、団員に平均700万円以上の給与を支払う日本のオーケストラはN響と都響、読売日本交響楽団、京都市交響楽団だとしている。いずれも自治体の強力なバックアップがあったり、企業・団体が運営している団体だ。その他のオーケストラでは500万円以下、場合によっては単年契約で250万円以下という場合もある。退職金制度のある楽団も限られているようだ。

このため、楽団員はコンサートやリハーサルなどのスケジュールの合間に副業として個人レッスンを請け負ったり、他の演奏活動を行ったりしている。幼い頃から楽器の鍛錬を続け、音楽大学へ進学し、さらには留学までしてようやくプロになれる一握りのプロオケの楽団員でさえ、このような待遇なのである。

会場費も高い！

もうひとつ、オーケストラ運営の必要経費として大きなものに「会場費」がある。会場費とは、ホールなどを借りてコンサートをするための費用のことである。

都響ではこのホールなどの賃借料として年間1億円弱がかかっている。ホールの賃借料は決して安くない。例えばサントリーホールの大ホールを休日に1日借りた場合の料金は411万4000円。川崎市の公益財団法人川崎市文化財団が主な指定管理者であるミューザ川崎シンフォニーホールも同様で、週末にコンサート2日間を企画して、前日をリハーサルで使用すれば320万円程度の施設賃借料が発生する。ここにはコンサート運営のための備品レンタルなど付帯費用が含まれない場合も多く、さらに細かく経費を計上しなければならない。都響が会場費用を負担したと想定される主催公演と共催公演は、2022年で45回である。この公演回数分の場所代、つまり賃借料だけで1億円弱の金額がかかるのだ。

さらに、都心であればあるほどホールの賃借料は高額になるため、人口の少ない地方都市ならば会場費は抑えられるが、今度はチケット売り上げや協賛金集めに苦戦することが容易に想像される。欧米では本拠地となるコンサートホールが楽団を「レジデントオーケストラ」として抱え、ホール使用などを優遇する場合も多いが、このスタイルを持たない日本の楽団は、常時高額なホール賃借料が発生することになる。

ちなみに、この問題に一石を投じる形で運営されているのが、新日本フィルハーモニー管弦楽団（以下、新日本フィル）である。この楽団は1972年、指揮者小澤征爾と山本直純の立案によって、団員による自主運営のオーケストラとして創立し、1988年に東京都墨田区とフランチャイズ契約を行っている。これは日本のオーケストラとしては初めてのケースとなった。フランチャイズとはプロスポーツチームとスタジアムのそれと同様、本拠地として専属契約を結ぶことによって練習場や公演会場を確保し、安定して演奏活動を行うためのものだ。

新日本フィルは墨田区のすみだトリフォニーホールを拠点にして活動している。2022年度の経常費用を見ると、事業費のおよそ11億円に対して本拠地ホールの賃借料は事務所賃借料を合わせても1000万円強に留まっており、フランチャイズ契約の経済的な有効性がわかる。

指揮者のギャラはどれほど?

その他の事業経費の内訳に話を戻そう。

先のテイラー・スウィフトほどではないにせよ、クラシック音楽界にもスーパースターが存在する。

それは指揮者だ。

数十人、場合によっては100人を超える一流の演奏のプロを従え、指揮棒1本、あるいは素手で至高の音楽を生み出す錬金術師たる指揮者は、器楽奏者からすれば遠く及ばない高額なギャラを得る者もいる。Adaptistractionが2021年に発表した指揮者（音楽監督）のギャランティランキングでは、1位にシカゴ交響楽団の巨匠リッカルド・ムーティ（342万ドル、5億1300万円）が、2位にロサンゼルス・フィルのグスターボ・ドゥダメル（285・7万ドル、4億2855万円）が君臨している。

しかも、これはどちらも音楽監督としての年俸なので、他のオーケストラと共演する際には当然ギャラが別途発生する。さらに契約額もこうした音楽監督料などに鑑みて算出される。個別に交渉される。一説によれば1回のコンサート（リハーサル2回程度を含む）での一流指揮者のギャラは1000万円を超える（場合によってはそれ以上）とも言われており、この額を支払える経済力のある楽団が、こうした一流指揮者を招聘できる。

チケット代平均1万円で2000席分しか収益を確保できないコンサートでは、まずもってこうした指揮者を呼ぶことがどれほどシビアであるかがご理解いただけるだろう。

都響の2022年事業費には3億円超の出演者報酬が計上されている。ここに入るのが指揮者のギャラ、招聘したソリストなどへの演奏料である。2022年度はコロナ禍で延期となっていた海外の一流アーティスト、若手の最注目指揮者でパリ管弦楽団音楽監督のクラウス・マケラや、ヴァイオリニストのパトリツィア・コパチンスカヤを招聘して話題となった。日本人演奏家とも合わせて、これらの出演者報酬などの総額が3億円超である。

新日本フィルの場合、同年度の報告書では経常費用約11億円に対して、指揮者への出演料が8%と明記されている。つまり、およそ8800万円が該当年度の指揮者複数人に支払われたことになる。定期公演など指揮者が出演した演奏会が47回なので、あくまで平均ではあるが、1回の演奏会で指揮者に187万円が支払われたことになる。当然、指揮者のキャリアや知名度によって金額には差がある。この金額でシャルル・デュトワやクリスティアン・アルミンクなどが演奏したとは考えにくい。

ちなみに一説によれば、全盛期の小澤征爾の日本における公演1回(1日分)のギャランティは700万円だったとも言われる。そこから算出した額で考えれば、新日本フィルが拠出しているデュトワやアルミンク、日本人指揮者では佐渡裕(さどゆたか)や久石譲(ひさいしじょう)が加わっての合計額8800万円を高いとするか安いとみなすかの判断は、クラシック音楽への理解と愛情だけでなく、マネジメントスキルとマーケット感覚に左右されるのではないだろうか。

再び立ち戻る「なぜ日本でクラシック?」

一方で、これほど経費のかかるオーケストラ公演を続けるためには、先述の通り国や自治体などからの助成金が不可欠なのが現状だ。

しかもその助成金については、およそ十分とは言えないのが現状である。文化庁全体の2024（令和6）年度の当初予算は1062億円が計上されており、この数字は前年に比べて1億円（0・1％）の増額ではある。しかしながらこれは、後述するが他国と比較すると見劣りすると言わざるをえない。

さらに文化庁が管轄する分野には当然、クラシック音楽以外の文化芸術や文化財保護が含まれており、支援先は細分化されてしまう。日本のオーケストラは、動員数だけで言えば年間400万人を超える大きな市場であるのだが、全く潤っていない。なぜこうも運営が難しくなってしまうのだろうか。

しかし、自分の財布を開くことを思えば、平均2時間程度の音楽を聴くための1万円を超えるチケット代というのは、そう簡単に出せる金額でないことは間違いない。とはいえ、オーケストラの支出と経済規模を考えると、企業や自治体からの補助金がなくなればチケット代は現在の2倍から3倍に設定しなければならなくなるだろう。補助金、元を正せば私たちの税金で、多くのオーケストラ、ひいては日本の音楽芸術が守られているのである。

ここで再び、冒頭のオーストリア放送協会のトーンマイスターの言葉に立ち戻りたい。

「日本人は本当にクラシック音楽が好きだね。いつ頃からなの？ そして、なぜなの？」

なぜ日本人が西洋古典音楽を、税金を使ってまで、あるいは民間の助成金や協賛金を必死で集めてまで、守り続けようとしているのだろうか。もう少し平たく言うならば、なぜ私たちは西洋由来の音楽であるクラシック音楽を、この日本で存続していこうとするのだろうか。

その答えを探しに、日本のクラシック音楽の歴史に潜ってみよう。

＊ 令和6年度文部科学省社会教育調査対象である地方公共団体、独立行政法人または民間が設置する施設で座席数300以上のホールを有するものの数。劇場、音楽堂、文化会館、市民会館、文化センター等を含む。

第2章　日本のクラシックの騒々しい夜明け

「世界のオザワ」の戦後

２０２４年2月6日、日本を代表する偉大な指揮者、小澤征爾がこの世を去った。日本のクラシック音楽を語るうえで、小澤征爾は間違いなく最も大きなマイルストーンである。日本のクラシック音楽の歴史を彼以前と以後で分けて考えられるほど、その存在は突出している。

小澤は１９３５年に旧満州で生まれ、１９４１年に一家が日本に戻ってアコーディオンの弾き方を習ってから音楽的才能を見せるようになり、親類からピアノを譲ってもらって演奏技術を習得した。このピアノをもらった時の話を筆者は小澤幹雄（小澤征爾の弟）の講演で聞いたことがある。横浜市の親類の家からピアノを運んできたわけだが、トラックで運搬できる余裕もなく、リヤカーにピアノを載せ、父親と兄たちが3日かけて東京都立川市まで運んだという。舗装もろくにされていない時代の凸凹畦道を、ピアノを弾きたいと願う息子のためだけに力を込めて運ぶ親子の珍道中は面白おかしく、そして心温まる逸話であった。

当初ピアニストを目指していた小澤は、右手指の骨折を機にその道を断念し、遠縁にあたる齋藤秀雄の指揮教室の門を叩いたことで指揮者の道に進んだ。この齋藤との出会いで指揮という役割に目覚め、志を高く持つようになったという。1952年に桐朋(とうほう)女子高校音楽科へ第一期生として入学。23歳の時に単身でパリに渡り、1959年に第9回ブザンソン国際指揮者コンクールで第1位を獲得している。

そこからの勢いはすさまじい。ヨーロッパでの演奏機会を得て、大指揮者ヘルベルト・フォン・カラヤンに師事し、1961年にはニューヨーク・フィルハーモニックの副指揮者に就任。レナード・バーンスタインにも師事した。1966年にはザルツブルク音楽祭でウィーン・フィルと共演を果たし、同年9月ベルリン・フィルの定期公演でもデビュー。この頃の小澤はまだ30歳を過ぎた若者である。

こうして、欧州の有名オーケストラで次々にその実力が認められ、アメリカでも1973年から29年もの間ボストン交響楽団の音楽監督を務めた。1992年には、57歳にしてメトロポリタン・オペラを初めて指揮している。2002年はウィーン国立歌劇場音楽監督を務めるなど、活躍の場を広げていく。録音の世界でもドイツ・グラモフォン、フィリップスといった世界的なレコードレーベルと契約して作品を残した。

何年も、何十年もかけて、クラシック音楽界でのテリトリーを広げることをやめなかった小澤。2010年以降は病と戦いながらの活動であったが、それでも師の名を冠したサイトウ・キネン・オーケストラを育て続け、長野県松本市の音楽祭であるセイジ・オザワ松本フェスティバルを最晩年まで見守り続けた。

録音業界に身を置く者としては、小澤征爾について語る時、その録音作品の多さについても触れておきたい。一流のオーケストラと録音エンジニア、トーンマイスターたちと作り上げたアルバムは、アルバムタイトルだけでも600を超える（廃盤を含む）。ベートーヴェンやモーツァルト、ブラームスなどの有名交響曲はもちろん、師であるバーンスタイン作曲の『「ウエスト・サイド・ストーリー」からシンフォニック・ダンス』（1981年）や、歌劇場で培ってきたオペラのレパートリーに加えて、友人でもあった武満徹（たけみつとおる）の作品を10作以上録音した。

音楽は古来「時間芸術」であり、コンサートが終わってしまえば消えてなくなるものだった。しかし録音技術と再生技術の革新によってマネタイズ手法が変化し、録音さえしておけば恒常的な財産となった。日本のクラシック音楽のジャンルで歴代最高のCD売り上げを記録したのは、小澤が指揮したウィーン・フィルのニューイヤーコンサート（2002年発売）だ。このCDは累計110万枚を記録し、日本での売り上げは約33億円である。

このように、小澤のバイオグラフィには、共演歴や演奏作品、録音作品も含めそのほとんどに「日本人初」という表現をつけることができる。戦後の混乱期にあってもクラシック音楽を愛し、恐るべきスピードで頭角を現して本場欧州で活躍できただけでなく、アメリカにも大きな影響を与えた小澤がいたからこそ、今の日本のクラシック音楽界があると言っても過言ではない。

しかし、それは当然ながら平坦な道ではなかった。かつて指揮者の山田和樹（やまだかずき）が「小澤先生でもプレッシャーを感じることはありますか」と問うた時、小澤はこう答えたという。

「プレッシャーには二種類あってね、よいプレッシャーと悪いプレッシャーね。コンサートするとか音楽するのはよいプレッシャーなんだけどね。だけどね、悪いプレッシャーというのは、差別とかそういうね。そういうのは本当に耐えられないんだよね。おかしくなっちゃうよね……」

おそらく誰もが想像していたであろう日本人指揮者に対する人種差別の問題を、自身の言葉で語ったものである。小澤への風当たりは、決して生やさしいものであったはずがない。この言葉には、暴風雨のような環境の中で最高峰に登り詰めたからこその、静かで重い実感が込められている。

「日本人がなぜクラシックを?」という質問を、最も受けてきたのはおそらく小澤だった。彼が現在の日本のクラシックの最高峰だとすると、「世界のオザワ」に至るまでの道、日本におけるクラシック音楽の歴史はどのようなものだったのだろうか。

クラシック音楽のはじまり

西洋の古典音楽は、それまでヨーロッパで発展してきた教会音楽や、各民族で伝承されてきた音楽とは異なる分野として扱われる。ハーモニーの構築と形式が顕著かつ複雑で、洗練された記譜システムが作られたことによって、基礎が固まり広まった。その作曲技法や演奏法に基づく芸術音楽を、今日では総じて「クラシック音楽」と呼ぶ。

そのマイルストーンは、1685年にドイツで生まれたヨハン・ゼバスティアン・バッハだろう。バッハはオルガン曲や合唱曲、室内楽曲や協奏曲など生涯1000曲にのぼる作品を遺し、その影響は宗教音楽や現代のポップミュージックの分野にまで及ぶ。

とはいえ、それまでの音楽様式であるバロック音楽と、ここで言うクラシック音楽(古典派音楽)に明快な境界線を引くことは難しい(時期的にバロック音楽の時代に当てはまるイタリアの作曲家アントニオ・ヴィヴァルディも、クラシック音楽のコンサートではその作曲家のひとりとして扱われる）のだが、本書で扱うクラシック音楽というカテゴリは、おおよそ17世紀以降、バッハが生まれた頃からの音楽としたい。

バッハは日本の音楽教育では「音楽の父」と紹介される。彼は教会や宮廷に請われてせっせと曲を作り、いわば雇われ音楽家として安定した生活を送る一方で、自身の息子たちを作曲家として育て上げ、一族で音楽を生業として生きた。32歳でドイツ・ケーテンの宮廷楽長（作曲家・指揮者であり、楽団をまとめる立場でもある役職）に就いた時の給料は、年俸400ターラーであったという。これは当時の宮廷音楽予算の5分の1に相当する金額だ。とはいえ、この400ターラーを現在の日本円の価値に換算するとおよそ300万円相当とされるので、バッハ家が特別裕福であったとは考えにくい。

一方、バッハと同年にドイツに生まれた作曲家ゲオルク・フリードリヒ・ヘンデルは、収入の面でバッハと異なる部分がありそうだ。ヘンデルはイタリアでオペラを作曲して成功し、その後イギリスでも活躍して、現代でも英国王室の公式行事で使用される楽曲を数多く遺した音楽家である。英語でのオラトリオ（宗教的な内容を歌で表現する作品）「メサイア」は特に有名だ。

ヘンデルはオペラやオラトリオといった興行に身を置く作曲家であり、プロデューサーとしての側面もあったので、当たれば大きな収入を得られたのではないかと考えられる。また、25歳でハノーファーの宮廷楽長に就任した際にはすでに1000ターラーで契約しており、32歳時のバッハの2倍以上の収入を得ていた。ロンドンに渡ってイギリスに帰化したのちは、さらに収入が増え、晩年は2000ポンド近くのギャラを稼いでいたとされる。1720年頃のオーケストラ団員の年俸が、最も高額になるトップコンサートマスターでさえ100ポンド、平団員では60ポンドだったので、ヘンデルがいかに高所得者であったかがわかる。同じ年に同じ国に生まれても、専門分野の違いやトレンド、作曲家自身の生き方によって活動の幅や生涯収入はかなり左右されたのだ。

その後、1756年にはオーストリアでヴォルフガング・アマデウス・モーツァルトが、1770年にはドイツでルートヴィヒ・ヴァン・ベートーヴェンが生まれ、欧州各国で教会音楽、宮廷音楽、室内楽、そしてオペラやバレエといった舞台とともに、クラシック音楽が大きく花開いていった。

日本のクラシックの父

では日本では、なぜ、そしていつ頃からこうした西洋の古典音楽芸術が広がり、愛され、そして「世界のオザワ」を生むに至ったのだろうか。それには日本での西洋音楽の歴史を振り返らねばならない。本章ではその黎明期を見ていこう。

西洋古典音楽の父がバッハなら、日本のクラシックの父は誰か。

それは元高遠藩士の伊沢修二であった。

伊沢は1851（嘉永4）年、貧しい下級武士の息子として現在の長野県伊那市に生まれた。農作業を手伝う傍ら、いつか学問で身を立てんと、ひとり勉学に勤しんだという。江戸城の無血開城からほどなく、明治新政府は新しい国家を担う人材育成制度（貢進生制度）を発表し、全国から若く優秀な人材を選定しはじめる。この政策によって全国から300名あまりの人材が東京に集まった。人材選出にあたっては各藩の石高によってその人数が決められていたようだ。弱小の高遠藩からはただひとり、19歳の伊沢が選ばれたのだから、よほど秀才だったのだろう。

アメリカ留学中の伊沢修二（東京藝術大学音楽学部大学史史料室所蔵）

意気揚々と上京した伊沢は大学南校（のちの東京大学の前身）で学んだ。そして貢進生制度のもと、政府から派遣される形で、アメリカのボストン近郊にあるブリッジウォーターの師範学校への留学を果たす。24歳のことだった。

ここで伊沢は西洋音楽をベースとした音楽教育を受けたわけだが、自伝である『楽石自伝　教界周遊前記』には、西洋音楽の習得に相当苦労したことが記されている。

> 音譜などが殆んどものにならず、1、2丈けは可いが、3となり4となれば皆上り過ぎて、先生にも叱られ自分は尚ほ種々に苦心したけれ共、それでも殆んど唱歌にならなかつた

伊沢は幼い頃から馴染んでいる日本古来の音階である民謡音階（レミソラド）や律音階（レファソラド）など5音で形成される音階とは違った、西洋音楽の7音（ドレミファソラシ）で構成された楽曲にどうしても馴染めず、楽譜通りに歌えなかった。

しかしさすがは努力の人。習得して帰国しなければ国費留学までさせてくれた政府に面目が立たぬと奮起して、ボストンで音楽の個人レッスンを仰いだ。この時に彼を指導した

のが、ニューイングランド音楽院で教鞭をとっていたルーサー・ホワイティング・メーソンである。この体験から伊沢は、日本と西洋の音楽的差異を強烈に意識し、日本にこれを持ち帰らねばと心に誓った。

そして1878（明治11）年の帰国前に、明治政府に「音楽取調掛（おんがくとりしらべがかり）」設立についての見込書を提出する。音楽取調掛とは文部省内の一部署としての専門部門を指し、西洋音楽の教育機関として機能させることをその目的とするものだ。音楽取調掛は伊沢の尽力によって1879（明治12）年に設置され、1887（明治20）年には東京音楽学校と改組されて、現在の東京藝術大学音楽学部の興（おこ）りとなった。

ここに初めて日本での西洋音楽教育機関が発足し、その礎（いしずえ）が作られたと言える。明治新政府のバックアップをもとに、ひとりの元下級武士の息子の類稀（たぐいまれ）な努力と、異国で出会った音楽芸術との悪戦苦闘を通して、クラシック音楽は日本に持ち込まれたのである。

破綻した政府の留学制度

一方で、経済的な面からこの伊沢の国費留学を見てみると、明治政府はクラシック音楽の輸入に巨額の資金を投じたことがわかる。それは当時の明治政府が拠出していた留学費用の高額さと、為替レートによる負担の大きさから見てとれる。

当時の留学生は政府から年間１０００円を支給されていた。さらに大学教師が試験を行って選ぶ上等留学生には１８００円が往復旅費とともに支給された。１８７１（明治４）年の警察官巡査階級の初任給は４円（年間48円）である。これと比べると、留学生ひとり当たりの政府負担額がどれほど高額であるかがわかるだろう。ちなみにこれほど支給額が高かったのには、円が日本の通貨単位として採用されたばかりで、１ドル＝１円という為替レートであったことが影響している。

伊沢と同時期に海外留学を果たした中には、同じく貢進生であった小村寿太郎や鳩山和夫らが含まれる。小村は20歳の時に第一期文部省留学生としてハーバード大学へ留学したのち外交官となり、日清戦争などの難局にあたり、桂太郎内閣で外務大臣となった。鳩山は美作勝山藩（現在の岡山県）の出身で、第一期文部省留学生としてコロンビア大学やイエール大学ロースクールに留学したのち、日本人初の法学博士となった。その後外交官を経て政界で活躍し、政治家ファミリーを形成したことは言うまでもない。

小村にせよ鳩山にせよ、政府に大きく期待され支援された人材は、その後の日本の歴史を担うキーマンになっていった。１８７３（明治６）年の文部省第一年報の示すところによると、当時の官費生は２５０人にも及んだという。

しかし、巨額の資金捻出に対し、明治政府にそれほどの余力がなくなってくる。

維新後の政治や社会の変化に加え、明治六年政変や西南戦争の勃発など、およそ平穏な時代ではなかった明治初期、人材の育成が急務とはいえども数年で２５０人の海外留学生を派遣したことには無理があった。１８７５（明治８）年には「文部省貸費留学規則」で留学費用は貸費制とする旨が明確化され、年間１０００円と旅費としてニューヨークは４８０円、ロンドン６１０円を出発時と帰国時に、また支度料１６６円と併せて貸与し、卒業後３年目から20ヶ月での分割返済が求められることになった。留学制度はシビアな返済が必須の奨学金制度へと変貌してしまったのである。

さらに西南戦争によって国家財政が悪化したことを理由に、１８７７（明治10）年には旅費の減額が発表され、翌年には貸付金を年間１０００円以下とすることが定められた。これが理由で留学を続けることができず、途中帰国した学生もいたという。優秀な学生を海外で学ばせて、そこで得た知識と経験を近代日本にもたらすことを期待された留学生制度は、明治初期の段階で破綻してしまった。

この後は私費留学が増えていった。経済力のある者が優秀な学生を見つけたり紹介されたりして、その私財をもって留学させる形になっていったのである。後述するが、例えばのちに作曲家となる山田耕筰は三菱財閥の男爵岩崎小弥太の援助を受けて、ドイツのベルリン高等音楽学校（現ベルリン芸術大学）に留学している。

幸田家の偉大なる6人の子どもたち

話を伊沢修二に戻そう。

伊沢の提案した西洋音楽の教育機関である音楽取調掛は1879（明治12）年に発足した。翌年にはボストンで伊沢に唱歌指導を行ったメーソンが来日し、音楽教師として音楽取調掛に雇用されている。伊沢とともにメーソンは日本での音楽教員の育成法を確立し、音楽教育プログラムの開発も行った。また『小學唱歌集』にも関わり、都内の小学校へ唱歌指導に訪れている。西洋の音楽理論にのっとって作られた楽曲を日本語で歌わせるなどして、クラシック音楽にルーツを持つ音楽教育を子どもたちに早い段階で習得させるためである。

こうした小学校での唱歌指導の中でメーソンは、幸田延という女児と出会った。

幸田延は後にピアニスト、ヴァイオリニストとなり、日本のクラシック音楽教育にも大きな足跡を残した人物で、日本人として初めてソナタ形式にのっとったクラシック音楽を作曲した音楽家でもある。ちなみに明治の文豪幸田露伴や、千島列島の開拓で有名な郡司成忠は延の兄である。また歴史学者の幸田成友は弟、妹である安藤幸もヴァイオリニストで、日本のクラシック音楽界における先駆的存在となった。

近代日本史上華々しい活躍をした幸田兄弟姉妹であるが、生家は特段裕福だったわけではない。もとは大名に使える幕臣だったが、幕藩体制の崩壊を目の当たりにした延の父・成延は「家柄ではなく教育によって身を立てる術を身につけるべし」という考えを持っていた。しかし経済的な余裕のなかった成延は、官費、つまり公金の徹底活用をもって子どもたちに教育を施すという方針によって子育てを行った。

1870（明治3）年、海軍兵学寮（のちの海軍兵学校）が設立されたことに目をつけた成延は、次男成忠を入学させる。軍人として1日20銭の給金のある待遇だった。のちに成忠は海軍を退職して北海道へ渡り、北千島の探検・開発に尽力。長男・成常は体格などの問題から入学できず、米穀取引所で働きながら苦労して勉学を続け、のちに鐘淵紡績（のちのカネボウ）の前身である相模紡績の社長となった。延と幸は東京女子師範学校附属小学校へ、三男・修造も東京師範学校附属小学校、東京音楽学校に進学した（修造は卒業目前に夭折）。四男・露伴は東京師範学校附属小学校、東京府第一中学校（のちの日比谷高校）を経て東京英学校（現青山学院大学）に、五男・成友も東京師範学校附属小学校、東京府中学校へ、第一高等学校を経て帝国大学文化史学科に進学した。

幸田家の6人の子どもたちは上から順に実業家、探検家、小説家、音楽家、歴史学者、音楽家となり、それぞれが公教育の恩恵を受け、近代日本の基礎を築く人材へと大成したのである。

幸田延という才能

のちの日本クラシック音楽教育に大きな足跡を残すことになる幸田延は、東京女子師範学校附属小学校で、西洋音楽の理論で作られた唱歌指導を行うメーソンに出会った。

メーソンは来日時にアメリカから楽器や楽譜を数多く持ち込んだ。その中にはバイエル教本、作曲家カール・ツェルニーのピアノ曲集、ムツィオ・クレメンティのソナチネ集などが含まれていた。そのどれもが、現在の日本でのピアノ習得の初期から中期の練習曲としてスタンダードなものである。

そんなピアノ教育においても大きな役割を果たしたメーソンに勧められ、延は1880（明治13）年10月から、創設されたばかりの音楽取調掛に週1回レッスンに通うようになった。2年後には正式に音楽取調掛に入学し、ピアノを瓜生繁（または繁子）に、ヴァイオリンを多久随に習い、頭角を現すようになる。

またも脱線してしまうが、この瓜生繁は1871（明治4）年、別の政策で海外派遣されていた岩倉使節団とともに渡米した最初の海外女子留学生5人のうちのひとりである（他には津田梅子や山川捨松らがいた）。瓜生繁はのちの三井物産初代社長である益田孝の妹で、幼くして幕府医官永井家の養女となっていた。たった10歳で異国アメリカの地に渡り、2年後にはひとりでホームステイをしながら現地の小中学校を卒業したのち、ニューヨーク州ポキプシーのヴァッサー大学音楽科を卒業。日本人で初めて大学で西洋音楽を専門的に学んだ人物である。繁は明治政府が留学生への資金拠出を抑えていた時期もアメリカに残り、都合10年、初等教育から大学への進学までを海外で経験した、日本のクラシック音楽史を語るうえで避けては通れない人物である。

繁は1881（明治14）年に帰国し、翌年に音楽取調掛の教授に就任している。ピアノと唱歌指導を担当する繁に支払われた年俸は、360円という破格のものであった。

さて幸田延の話である。延は――伊沢修二が設立した西洋音楽教育の場で、その伊沢の指導にあたったメーソンに出会い、瓜生繁の指導を受け――群を抜いた音楽的才能を開花させた。1889(明治22)年に文部省の第一回音楽留学生に選ばれ、ボストンにあるニューイングランド音楽院に入学し、さらには1891(明治24)年にオ

幸田延

ーストリア・ウィーンに渡って、ウィーン楽友協会音楽院(現ウィーン国立音楽大学)に入学。4年かけて本場のクラシック音楽を修めた。当時のウィーンにはブラームスが58歳、ヨハン・シュトラウス2世が65歳、そしてブルックナーが67歳とそれぞれ健在で、まさにクラシック音楽の最盛期と言える時期である。

延はここでヴァイオリニスト、作曲家、指揮者であり、ウィーン・フィルのコンサートマスターも務めたヨーゼフ・ヘルメスベルガー2世にヴァイオリンを習い、ピアノやクラシック音楽の理論である和声学や対位法などの作曲手法を習得している。

このウィーン時代の1895（明治28）年に延は、「ヴァイオリンソナタ第1番変ホ長調」（3楽章・未完）を作曲した。これは日本人の手で初めてクラシック音楽の理論と形式にのっとって作られた楽曲である。帰国した延は音楽取調掛改め東京音楽学校の助教授の職に就き、アメリカや本場ウィーンから日本に持ち帰ったクラシック音楽を後進に指導する立場となる。そして瀧廉太郎（たきれんたろう）や山田耕筰ら、のちに日本のクラシック音楽を牽引することになる次世代の人材を育成した。

成功の影にある重大な損失

こうした華々しい経歴だけを眺めると、幸田延がいかに環境に恵まれ、才能をのびのびと開花させた自由闊達（かったつ）な人物であったかと思うかもしれない。だが時はまだ近代化の途上、異文化が生活に入り込むことに人々がようやく慣れてきた時代である。公金での留学だけでなく、帰国後も文部省の管轄である東京音楽学校に助教授としての地位を得ていた女性の存在が、そう易々と当時の世間に受け入れられるはずがなかった。

1906（明治39）年発行の大衆紙「日本」は批判的な論調で、日本女性の高額所得者2位が延であり、東京音楽学校の年俸1800円だけでなく個人レッスンなどで別の収入が５００円もあることを大々的に記している。１８８３（明治16）年に政府が発表した収入目安「一家4～5人で年収１２０円が中等、それ以上が上等、それ以下が下等」から考えても、延の収入がどれほど多かったかがわかる。

もう少し詳しく見ると、１８９０（明治23）年の国会開設時における議員の歳費（年俸）が８００円、議長職は４０００円、副議長２０００円である。現在と比較すると、２０２３年の給与所得者の平均年収は４６０万円、国会議員の平均年収は約２０００万円、東京藝術大学学長職の役員報酬が約１８００万円（２０２０年度）だから、延の高所得ぶりがうかがえよう。明治初期に国費留学して西洋音楽を一から身につけ、最高の学府で最先端の音楽教育を行う能力を培い、さらには一流の音楽家でもあった人物としては納得できる収入ではある。

しかし当時、それが原因となって東京音楽学校の校長湯原元一（ゆはらもといち）らとの軋轢（あつれき）が生まれた。１９０９（明治42）年9月10日付の『東京日日新聞』には、「音楽学校の廓清（かくせい）」という長文記事が掲載された。廓清、つまり有害なものを取り除いてよい状態にするという強烈な見出しである。こうした流れの中で、延は休職に追い込まれてしまう。湯原の教育者としての理念は欧米流の自由主義教育を基調とするものであったというが、海外留学経験のない湯原には、ひとりの女性であり、アメリカや欧州で直に教育を受けた延の感覚を受け入れ、後進の教育のために歩調を合わせることはできなかったのである。

夏目漱石(なつめそうせき)のその頃の日記には、最も人格の高い教授として東京音楽学校で教え、後世に名の残るラファエル・フォン・ケーベルがこの出来事に憤慨した様子が描かれている。ケーベルは漱石に対してこう語ったという。

日本で音楽家の資格あるものは幸田(延)だけだ。尤(もっと)もピやニスト(ママ)と云ふ意味ではない。たゞ音楽家と云ふ丈(だけ)だ。(中略)音楽学校は音楽の学校ぢやない、スカンダルの学校だ。第一あの校長は駄目だ。

その後、延は再び欧州に渡る。そしてなんと、そこでベートーヴェン作曲の第九(交響曲第9番ニ短調 作品125)の公演に日本人で初めて出演することになった。

1909年、延は巨匠アルトゥール・ニキシュの指揮のもと、ベルリン・フィルの演奏する第九に、合唱団の一員として立った。当時の日本では合唱付きの第九はおろか、小さな編成の交響曲ですら演奏することは困難な時代だった。世界トップの楽団の舞台で、一流の指揮者との演奏経験を持てた延を、女性蔑視や報酬への妬みなど高慢で俗悪な視点で切り捨ててしまったことは、その後の日本の音楽教育における大きな損失をもたらしたと言える。

ちなみに延の妹・幸もまた、姉と同様ウィーンに留学を果たしている。日清戦争で日本が勝利し日清講和条約が結ばれると、政府は再び人材育成と文化振興に目を向けるようになった。そこでもう一度音楽分野で海外留学生が選考され、その第一弾に幸が選ばれた。

しかし、ここでもやっかみが入る。当時延は音楽学校教授、幸は研究生として御前演奏でバッハの曲を披露するなど、すでに姉妹とも世間に名の知れた音楽家であった。その幸が、当時すでに一定の評価を受けていた瀧廉太郎より先に留学生になったことが物議を醸し、「幸の留学生選出は姉の身贔屓(みびいき)である」「女が男を出し抜いている」などの中傷記事が数多く出た。日本のクラシック音楽の黎明期には、こうした女性の社会進出問題が大きく影を落としていた。

大金を拠出して留学生を輩出し、優秀な人材を育成しようとした明治新政府の政策は、現代日本のクラシック音楽の発展ぶりから見ても成功したと言える。一方で、世間はあまりに浅薄であった。音楽を発展させる高邁(こうまい)さとは正反対の俗悪なやり方で、ひとりの重要な音楽家を日本から追い出し、帰国後も在野の音楽家に捨て置いてしまったのだから。

企業メセナの先駆

当時の音楽教育における、私費での留学にも触れておこう。

先に述べた通り、国費での留学制度が破綻しかけていた頃、華族や新興財閥系などの裕福な層では、私費での留学が盛んになった。

先述した作曲家・山田耕筰がそのひとりである。今では「赤とんぼ」や「待ちぼうけ」といった童謡で有名だが、実は日本人で初めて管弦楽曲や交響曲を作り、日本語によるオペラ「黒船」を完成させるなど、日本のクラシック音楽の初期の時代にドイツからその理論を持ち帰った作曲家のひとりである。キリスト教伝道師の一家に生まれた耕筰は、幼い頃から讃美歌などの教会音楽、つまり西洋の音楽理論にのっとって作られた楽曲に慣れ親しんでいた。

ちなみに、日本におけるキリスト教音楽の歴史は戦国時代にまで遡ることができる。1549年、イエズス会宣教師フランシスコ・ザビエルが日本でキリスト教の布教を始め、同時に西洋音楽理論からなる宗教音楽が伝えられて、主にラテン語のグレゴリオ聖歌や多声聖歌が歌われた（後には日本語による聖歌も作られた）。織田信長、豊臣秀吉の時代において日本各地で市井のキリスト教徒が生まれ、西洋音楽が広がりを見せるかに見えたが、キリスト教の禁止令と江戸時代の鎖国によって一旦火が消えてしまう。再び日本人が公に西洋音楽と出会うには、キリスト教禁止の高札が撤去された１８７３（明治6）年まで待たねばならなかった。

山田耕筰の姉・恒は、キリスト教宣教師で音楽にも精通していたエドワード・ガントレットと結婚している。そのことでさらに耕筰は音楽への関心を深め、１９０４（明治37）年に東京音楽学校へ入学し、ここで幸田延らに師事したのである。

その東京音楽学校に、耕筰の進路を決定づけた人物がいた。ドイツの作曲家で指揮者・チェリストのハインリヒ・ヴェルクマイスターである。

ヴェルクマイスターは耕筰に才能を感じてドイツへの留学を勧めたが、耕筰は国費留学生に選ばれていなかった。そこでヴェルクマイスターは三菱財閥の4代目総帥で、男爵の爵位を持つ岩崎小弥太に相談を持ちかける。東京帝国大学法科大学を1年で中退したのちにケンブリッジ大学を卒業した岩崎は、イギリスでクラシック音楽の美しさを知り、自分でも演奏したいとヴェルクマイスターにチェロを習っていたのだった。師からの推薦を受け、クラシック音楽を日本で広めたいと思っていた岩崎はそれを快諾し、晴れて耕筰は岩崎の援助によってドイツのベルリン高等音楽学校に1910（明治43）年から3年という長い期間留学している。ベルリン留学時代には日本人初の交響曲「かちどきと平和」を作曲した。

一方の岩崎は、耕筰の持ち帰ったものが日本の音楽文化を発展させることを期待して、日本初の本格的な民間の管弦楽団である東京フィルハーモニー会管弦楽部（のちに解散）を組織し、資金の提供を行っている。

この楽団の団員は90名。陸海軍軍楽学校、音楽学校、宮内省雅楽部、三越音楽隊から集められた。耕筰の帰国後には日本初の管弦楽曲「曼荼羅（まんだら）の華」などの演奏会を帝国劇場で開くなど、クラシック音楽が広く一般に楽しめるよう尽力している。日本でのクラシック音楽の普及と発展のため、音楽家への留学援助だけでなく、オーケストラの育成にまで力を入れた岩崎小弥太の活動は、企業メセナ（企業が資金提供し、文化芸術活動を支援すること）の先駆だったと言えるだろう。

こうして近代日本におけるクラシック音楽の黎明期を振り返ると、国の政策として海外留学を果たした優秀な学生たちと、潤沢な私財を投じて日本の新しい文化振興に寄与せんとした文化人たちによってその基礎が築かれたことがわかる。

国策とメセナ。日本のクラシック音楽業界、オーケストラを支える経済事情はこの黎明期と全く変わっていないのである。

第3章 興行としての長い道のり

演奏家は芸人か芸術家か

「なぜ日本でクラシックを？」の答えを求めて、日本のクラシック黎明期の歴史を駆け足で振り返ってきた。

ここでひとつの疑問が生じる。明治期にクラシック音楽が輸入され、教育機関が整備される中で、音楽はいかに興行として成立していったのだろうか。あるいは、成立していなかったのだろうか。当時の音楽家たちが音楽芸術を生業にしうる基盤はあったのか、より深く歴史を見ていきたい。

前章で幸田延という明治の音楽家に触れたが、面白いことに延は演奏料をもらっての公演は一切断っていた。音楽学校の外で開催される演奏会に出演することは芸術家としてあるまじき姿だと言っていたらしい。つまり延は音楽教育のプロではあるが、演奏のプロではなかった。

なぜ延は演奏料をもらっての公演を行わなかったのか。

旧幕臣家に生まれ、厳格な両親のもとで育った延は、芸事で金銭を得るのは芸人のすることだという考えを持っていた。当時の女性として破格の社会的地位と収入を得ていたことで差別的な扱いを受けた延でさえ、芸を売る人を蔑視する時代の価値観を拭えなかったところを見るに、新旧の文化が交錯した、明治という時代の難しさを垣間見る思いである。芸を金に変えることなく、ただ芸術に生きることだけを目指すのが崇高な見識ではないか、いや芸術も資本主義の中で成り立ってこそ存在価値があるのではないかという本書の根本的な問いかけそのものを、延ひとりで体現してしまっている様相である。

さらに延は、音楽学校教師時代には、演奏を金に換えないというポリシーを教え子たちにも断固貫かせんと、校外の演奏会への出演を固く禁じていた。これは芸人か芸術家かの論争というだけでなく、道半ばである学生たちが未熟な演奏で報酬を得てはならぬという、延の芸術家としての矜持でもあった。もちろん、音楽学校内での演奏会は開かれており、学生たちが人前で発表し、演奏家として成長する機会は確保されてはいたのだが。

とはいえ、門下生たちがその教えに全く背かなかったのか、つまり隠れて演奏料をもらっていたかどうかまでは明らかでない。何にせよ、ある種こうした頑なまでの音楽に対する真摯さが軋轢を生み、職を追われた延は再び渡欧することになった。それが結果として、日本に本場のクラシック音楽ビジネスの考え方を吹き入れることになろうとは、その時は誰も想像していなかったに違いない。

延が欧州で見た「興行としてのクラシック音楽」

職を追われて渡欧した時期、延はベルリンに滞在している。先の留学の前後にドイツ語の勉強を重ねた甲斐あって、全く会話に困らないばかりか、渡欧中の日記でさえドイツ語で記していたというのだから驚きだ。その日記に延は、一日に一度ならず二度三度とクラシック音楽のコンサートに赴いていたことを記している。またその演奏内容についても単なる感想だけでなく、演奏技量や表現力について辛辣な批評も残していた。

さらに延は、一流の音楽家に師事し、自身の技術の研鑽を欠かさなかった。中でもカール・マルケースのところでは、週2回のペースでヴァイオリン、ヴィオラに加えて室内楽アンサンブルのレッスンにも通っていた。

マルケースのレッスンでは、演奏のことだけでなく本場の音楽業界について多くの情報を得ていたようだ。中でも興味深いのは、コンサート開催の必要経費について日記に記していることである。

ベルリンでは１９１０年当時、一冬に１０００回から１２００回ほどのコンサートが開かれており、そのうちオーケストラ付きのコンサートを開催する場合には、少なくとも２０００マルクの資金が必要だと記されている。またオーケストラなしのリサイタルでも、800マルクほどが必要だとしている。

これには会場を借りる費用に加えて音楽家へのギャラなどが含まれており、現在の興行スタイルと特に変わりはない。当時の2000マルクとはどのくらいの金額なのだろうか。『明治大正国勢総覧』の「伯林宛参着為替相場月別表」によると、1911（明治44）年の年中為替平均が1円につき2・08マルクなので、当時の円に換算すると4160円。企業物価指数を使って現代の価値に置き換えると、およそ550万円程度で1回のオーケストラコンサートを、リサイタルの場合には220万円ほどで開催できたことになる（明治45年の1円は令和4年の1330円の価値に相当）。この額は現在の日本のオーケストラが国内の本拠地で、またはピアニストのリサイタルをホールで開催する経費と乖離がないどころか、ほとんど同程度だ。1900年代初頭の本場ドイツでは、すでに音楽ビジネスが成熟していたといえる。

また延は、1910（明治43）年3月にかつての留学先であったオーストリア・ウィーンにも滞在している。かつての師を訪ね歩き、音楽をともに聴き、また音楽談義を交わす中で、当時ヴァイオリン教育で名を馳せていたチェコ人のヴァイオリニストで、ウィーン音楽院教授のオタカル・シェフチークに関心を寄せたようだ。日記には教育メソッドの重要性に加え、シェフチークの年金額についての記載もある。シェフチークは2万クローネを年金として受け取りながら、プラハにある自分の音楽院で教え続けていた。

ちなみに音楽家の年金制度については、自主運営のウィーン・フィルにいたっては、その設立の1842年の段階で公演収益のオーケストラ奏者への分配方法に加え、在団奏者の遺族への遺族年金の支払いについても会則に明記していた。当時の欧州では、音楽家の地位安定のための基盤を整える必要があることがすでに認識されていた。

さらに延は、ドイツの音楽事務所の存在にも言及している。当時、すでに現在で言うプロモーターのような役割を果たす音楽事務所が存在しており、コンサートの収益をしっかりと受け取っていた。それを見た延は、資金があって音楽家が集まるだけではコンサートは成り立たない、つまり演奏以外の興行実務が容易ではないことを書き記している。

この日記は1910年3月17日のものだが、日記にはその5年前の情報として、とある音楽事務所が一冬にコンサートで上げる純収益が20万マルクあったと記されている。先の換算をもとにすると、現在の価値で5・5億円を超える利益をクラシックコンサートで上げていたことになる。一方でこの利益はあまり音楽家へは還元されていなかったようで、「芸術家は大概、借金で首もまわらない。その貸し主は音楽事務所」と書いている。

敏腕ビジネスマンとしてのR・シュトラウス

とはいえ、音楽家もそう簡単にビジネス側にやり込められていたわけではない。芸術的、商業的に一定の成功を収めたケースもあった。

例えば延が渡欧していた時期は、指揮者で作曲家でもあるリヒャルト・シュトラウスがドイツを中心に大活躍をしていた時期と重なる。R・シュトラウスは映画『2001年宇宙の旅』(1968年、スタンリー・キューブリック監督)のオープニングで使われた「ツァラトゥストラはかく語りき」や「アルプス交響曲」などのオーケストラ演奏曲に加え、オペラ「影のない女」「サロメ」「エレクトラ」や「薔薇(ばら)の騎士」など、現在でも上演機会の多く人気の高い作品を遺した20世紀の大作曲家のひとりである。

R・シュトラウスはミュンヘンにある宮廷歌劇場のホルン奏者であった父のもとで早くから英才教育を受け、18歳から指揮者として公演に立ち、20代ですでに有名な作曲家となっていた。人気、実力ともにトップクラスとなった彼は34歳でベルリン宮廷歌劇場第一宮廷楽長に就任。初年度に1万8000マルクの高給を得ていた(現在の価値に換算するとおよそ2700万円相当)。この額は宮廷歌劇場での指揮者と音楽監督としての収入である。

特筆すべきは、R・シュトラウスが自身の楽曲を扱う出版社に対して強気の交渉力を身につけていたことである。当時はまだ、演奏団体や主催者、出版社らが作曲家に依頼して作品の上演や楽譜の出版を行っていたので、経済的に恵まれている作曲家は少なかった。しかし、彼が32歳の時に作った「ツァラトゥストラはかく語りき」では3000マルク（約450万円）の契約金を受け取っていた。その後も楽曲報酬は上がり続け、41歳の時に制作したオペラ「サロメ」ではなんと契約金6万マルク（約9000万円超）を受け取っている。

興行収入を音楽事務所に持っていかれて音楽家は借金まみれという時期に、R・シュトラウスのような億を超える売れっ子クリエーターがいる。日本でも国税庁から高額納税者名簿が発表されていた1996年、作詞作曲や音楽制作を全て自身で手がける小室哲哉（こむろてつや）は年収が20億円を超えていた。いつの時代もトップクリエーターやアーティストは大きな収益を得ている。

R・シュトラウスのビジネスセンスについて付け加えると、現在のドイツ音楽著作権協会（GEMA）の前身である「音楽上演権協会」（AFMA）の設立に尽力したことがある。AFMAはドイツ初の音楽著作権の一元管理を行う組織として1903年に設立された団体だ。この団体が設立されたからこそ、ドイツの作曲家は自身の作品が演奏、上演されるたびに作品使用料を得られ、楽譜の出版のたびに印税をきちんと受け取れるようになった。逆に言えば、それまで作曲家は作品を依頼され納品した際にワンタイムで作曲料だけを受け取ったり、興行がうまくいかなければ作品料すら手に入らなかったりなど、およそ現在の音楽ビジネスでは考えられないようなことが起こっていたのである。

こうした著作権の考え方、作家への報酬、出版社の権利などについてはAFMA設立の52年前、1851年にフランスで作詞家・作曲家・楽譜出版者協会（SACEM）という団体が先陣を切っていた。これが世界で初めて音楽著作権の一元管理を行った団体である。当時の作曲家や作詞家が自分たちの作った作品がカフェなどで勝手に演奏されているのを見て、自分たちの権利を守ろうと立ち上がったのがきっかけとされる。

とはいえ、フランスにはそれ以前から議論の土壌があった。18世紀後半の革命期から、音楽やオペラの著作権が法律で規定され、作曲家などクリエーターの権利とその収入配分について議論が重ねられていた。現代でクラシック音楽といえば、著作権が切れているので作品をフリーに使えるという意識が浸透しているようだが、それは〝現在から見て〟70年以上前に亡くなった作曲家の作品だからであって、当然ながら当時は生きている作曲家の作品であった。

伊沢修二がアメリカに留学して西洋音楽に接し、日本で初めて音楽教育機関を作ろうとした時にはすでに、欧州では作曲家の権利が規定され、それを守るための団体までが存在していたというのだから驚くほかない。興行主は大金を得、作曲家がその権利を行使せんと奔走していた音楽ビジネス先進国の姿を、日本の音楽家たち——幸田延は、山田耕筰は、瀧廉太郎は、眩しく見ていたに違いない。

当時の欧州では、作曲家が生き生きと大作を発表して大金を稼ぎ、またそれを聴くために多くの市民が歌劇場に集い、音楽大学は活気に満ちていた。音楽家を目指す日本の優秀な若者たちにとってそれがどれだけ心躍る場所であったろう。こんな世界を日本にも作りたいと思わなかったはずがない。オーケストラ奏者の生み出すダイナミックな合奏、繊細で優美なピアノ曲、コンストラクティブに構築された楽曲への好奇心、そして何よりそれを100年以上も守り続けてきた、市民の音楽に対する熱情。彼らはこれらを肌で感じたのだ。急速に近代化が図られた時期に、他国の音楽芸術に触れ心酔する中で、それぞれに、自分の演奏技術、作曲家としての才能を信じて音楽を受け止め、持ち帰ろうとした若者たちが明治にいた。それが今の日本のオーケストラにつながっているのだ。

日本における著作権のはじまり

日本人による音楽著作権管理団体、現在のJASRACの前身である大日本音楽著作権協会が発足したのは、それからはるかに下って1939（昭和14）年のことだった。

日本における著作権に関する最初の法令は、1869（明治2）年の出版条例であるとされている。これによってまずは本の出版に関する法令ができた。さらに1875（明治8）年にこれが全面改正され、出版条例で初めて「版権」という言葉が使われた。版権という言葉は福沢諭吉（ふくざわゆきち）がcopyrightの訳語として造語したといわれている。とはいえ版権も現在の著作権とは異なり、著作物のうち図書などについてのみという限られた権利で、脚本、音楽、写真、映画などはその対象外だった。

その後1897（明治30）年に政府は、欧州各国の法制を調査したのち「版権」という言葉を「著作権」に改め、1899（明治32）年に著作権法（いわゆる旧著作権法）を施行した。これをもって同年に著作権の保護に関する条約「ベルヌ条約」の加盟にこぎつける。

しかし、法律や条例が制定されたとはいえ、当時の日本で著作権の意識が浸透していたとは言いがたく、特に外国の著作物についての管理や使用料の徴収は徹底されていなかった。これに対してドイツ人のウィルヘルム・プラーゲは1931（昭和6）年、ヨーロッパの主な著作権団体の代理人として、日本における放送、録音、出版など幅広い分野で著作権使用料の請求を行っている。このプラーゲが請求した金額が高額であったため、実質的にそれを支払える使用先が少なく、一時はＮＨＫでさえ海外の楽曲が使用できない事態となってしまった。

この状況を打破するために、日本政府は１９３９（昭和14）年、仲介業務法を制定し、社団法人大日本音楽著作権協会（現日本音楽著作権協会〔ＪＡＳＲＡＣ〕）に仲介業務を独占的に許可した。大日本音楽著作権協会は権利者である協会会員との信託契約に基づいて著作物の利用に許諾を与え、使用料を徴収し著作権者に分配するという、現在のＪＡＳＲＡＣと同じ形態であった。

「ＪＡＳＲＡＣ 80年史」によると、大日本著作権協会は作詞者・作曲者ら68人が発起人となったという。その信託契約の第1号は島崎藤村（しまざきとうそん）、第2号は土井晩翠（どいばんすい）であった。その後１９４８（昭和23）年に法人名を現在の名称に変更し、１９５０（昭和25）年になってようやく海外の作品の演奏権が管理できるようになった。

こうして欧州から遅れること1世紀、ようやく日本でも創作物への権利を認め、その使用についての手続きを行える管理団体が機能するようになった。ＪＡＳＲＡＣは設立後も、ラジオからテレビへの放送媒体の変遷やビデオソフトの一般化、CDや配信など技術とサービスの革新に伴ってその業務を新たに展開しながら対応している。2023年度にはJASRACへの管理委託者、つまり作家の登録数は2万件となり、音楽著作権収入（使用料）は前年度比6・3％増の1371億6729万円と、過去最高を更新している。

新しい教養としての舞踏

最後に、日本における興行としてのクラシック音楽ビジネスと教育の変遷に目を向けたい。

開国とともに日本にもたらされた西洋文化の一部としてのクラシック音楽の使われ方としては、鹿鳴館に代表される社交場の中での演奏がそのひとつである。開国後に西洋風の社交が必要と感じた新政府によって夫婦同伴のパーティが行われ、そこでワルツをはじめとした西洋舞踏音楽が演奏された。前章で触れた瓜生繁や津田梅子らとともにアメリカ留学をした山川捨松が、帰国後に陸軍卿の大山巌と結婚し、日本の社交界の黎明期に華々しく鹿鳴館で活躍した記録が残っている。1893（明治26）年の舞踏会目録には「蝙蝠歌劇抜萃幻想曲」（ヨハン・シュトラウス2世作曲オペレッタ「こうもり」より）、ライヒブルト駆足曲（ヨハン・シュトラウス作曲「浮気心のポルカ」）などが掲載されている。また、当時のフランス海軍将校ピエール・ロチの記録によると、ジャック・オッフェンバッハ作曲のカドリールや、ヨハン・シュトラウス2世作曲の「美しく青きドナウ」も演奏されていたようだ（ロチはこれを〝江戸の舞踏会〟と表現している）。

このように政治に密着する形で西洋音楽が利用される場合には、興行として利益を得ることが目指されたわけではない。しかしこうした、上流層のワルツに代表される舞踏への親しみは新しい教養と見なされ、家庭教育において音楽を学ばせる志向、つまりは音楽教育ビジネスへと間接的につながっていった。音楽学校を卒業した演奏家が子女教育の職を得ることも増えたという。

蛇足だが、この時期に演奏されていたパーティのための小規模な室内楽、ワルツやピアノ曲に対しての著作権意識はなく、当然その使用料を作曲家に支払うという発想には至らなかったようである。よって、鹿鳴館などの舞踏会に商業的価値があったわけではないことを付け加えておきたい。強いて言えば、演奏家にいくばくかの謝礼が発生したに過ぎなかった。

活性化する楽壇と興行

さてその後、明治後期には、オーケストラをはじめとするクラシック音楽の演奏会、オペラやバレエの公演を日本で実現させたいという気運が高まっていった。その中で伊藤博文や渋沢栄一らが発起人となり、1911（明治44）年に開場したのが帝国劇場である。

帝国劇場は日本初の本格的な西洋式劇場で、歌舞伎などの日本古典芸能の上演と同時に、オペラやバレエ、新劇など西洋分野の舞台芸術にも配慮した舞台機構を伴って建設された（帝国と名はついているが政府のものではなく、あくまでも民営の劇場である）。

さらにハード面だけでなくソフト面でも、日本の劇場経営と興行に大きな変革をもたらした。公演前にチケットを発売する切符制度の導入や、歌舞伎座などでは当たり前であった客席での飲食を禁止する代わりに、レストランや喫煙室などを設けて観劇空間を整えた。また現在では当たり前になっているプログラムの配布や、案内や誘導、接待係の配置といったサービスも帝国劇場が先駆であった。

開場の翌年にはイタリアの演出家で振付師のジョヴァンニ・ヴィットーリオ・ローシーを帝国劇場の歌劇部に招き、イタリア、ロシアなど海外オペラや著名音楽家のリサイタルを行うようになっている。

大正期に入ると、西洋音楽に親しむことは富裕層の子女、とくに女性の重要な教養、趣味として認知されるようになっていった。1935（昭和10）年、音楽評論家の大田黒元雄は随筆「聴衆人名録」の中で、「令嬢、二十歳。女子学習院出身の才媛。帝国劇場に於ける大演奏会の休憩時間には常に友人等と談笑せる嬢の姿を廊下或いは食堂に見るを得べし。某先生に就いてピアノの練習中。但、中々ソナタに至らず」と記している。

このように大正期から昭和初期にはピアノ演奏が富裕層子女、とりわけ女子の間で人気となり、ピアノ文化がクラシック音楽の中心に躍り出た。当時のメディアではピアノ教育を魅力的な生活様式の象徴として宣伝している。ピアノ教育といっても趣味と専門的習得との境界は曖昧で、かつピアノを購入できるのは富裕層に限られていたため、器楽と音楽への関心（とりわけ演奏）は階級や経済力に左右された。

こうした背景がクラシック音楽を裕福さの象徴たらしめ、聴衆の関心が増し、楽壇を活発化させたといえる。つまり、演奏はできなくてもクラシック音楽に触れたい、聴きたいという層が増えたのである。こうしたマーケットの拡大によって、新交響楽団（1926年設立。NHK交響楽団の前身）では1940（昭和15）年から定期演奏会をそれまでの1日公演から2日公演に増やした。それでも劇場は毎回満員だったという。

だが残念ながら、こうした勢いは太平洋戦争の影響でブレーキがかかった。戦中の音楽は軍歌や時局関係の歌謡曲が中心になり、軍部や政府による文化の統制がクラシック音楽に影響を与えたのである。商業的にもラジオやレコード産業の「売れ筋」音楽として、進んで戦時音楽が販売されていた。カーネギーホールで自作の管弦楽曲の公演を開いた経験のある山田耕筰でさえも、この時期に相当数の軍歌を作っている。さらに戦中は演奏家を志す男子学生の出征などによって男子学生への音楽教育そのものが停止してしまった。

一方で敗戦後には、出征のなかった女学生たちの進駐軍への演奏活動などで音楽をつなげている。ラジオ放送やレコードなどでクラシック音楽に親しみ始めた民衆も育ち、また敗戦後の心を癒(い)やすものとしての音楽が求められた結果、オーケストラも徐々に活動を再開し始めていった。日本交響楽団の定期演奏会復活後には、井上園子(そのこ)がチャイコフスキーのピアノ協奏曲第1番の演奏を務めた。大正・昭和期の子女へのピアノ教育熱が、戦後の日本の焼け野原を癒やす音楽を作ったのだ。プロの奏者を目標としない人々の中から、才覚ある演奏家が生まれたとも言える。

幸田延の兄である露伴は「公徳公益と私徳私益と」と題する論説(『実業之世界』大正2年8月上旬号)で、「結果から言へば二途、本源から言へば一水」と書いている。公私の利益は根を同じくし、視点によってその区別がなされるという意味である。一個人からすれば私的な利だとしても（ここで言えば自身の子女を教養高く育てるための音楽教育だとしても）、その集合体が文化を形成することで、公益となるというわけだ。

伊沢修二から始まった日本の音楽教育が、暗く重いこの時代の人々の心につながる音楽を生み出したのだから、つくづく教育というものの重要性と、文化の土壌を耕し続けることの価値を、敗戦期の日本に見る思いである。そして、それはどちらも「ビジネス」や「経済性」とは違った角度から見た〝音楽業界〟である。

第4章　ボストンにあった源流

「第二のドイツ音楽文化圏」アメリカ

これまで見てきたように、日本が明治維新後に西洋古典音楽と本格的に出会い、発展させていった歴史の中で、興行としての音楽芸術のあり方もまた海外が参考にされてきた。このことは日本のこれからの音楽芸術を経済の面から考えるうえで決して無視できない。では、日本が手本にした音楽のあり方とはいったいどのようなものだったのだろう。この章では海外の音楽ビジネス事情を見ていきながら、日本のクラシック音楽ビジネスの源流を探っていきたい。

まずもって日本のクラシックの発展には、アメリカの音楽文化が深く関わっている。「日本のクラシックの父」伊沢修二が留学し、西洋音階で作られた楽曲、つまりクラシック音楽に触れたのはアメリカのボストンであった。そして伊沢が設立を提言した音楽取調掛で教職に就き幸田延らを指導したのは、同じくアメリカの大学で音楽教育を受けた瓜生繁であった。第2章で述べたように繁は1871年に10歳で渡米し、その地で10年間音楽教育を受けて過ごしている。

この時期のアメリカはどのような状況だったのだろうか。芸術文化研究者である山田真一の言葉にならえば、それは「第二のドイツ音楽文化圏」と言える様相であった。

19世紀初頭にアメリカでは、欧州から海を越えてやってきた人々の間で娯楽と社交の場としてオペラが強く求められ、1825年にオペラの専門劇場としてニューヨーク・パーク劇場が開場した。オペラ人気はその後アメリカ全土に広がっていく。1890年頃には国内に1848施設もの歌劇場が建設されたというのだから、その熱狂と急速な経済的発展が想像できよう。

しかし一方で、歌劇場という「ハード」はできあがっても、演奏者や歌手、演目という「ソフト」が追いつかない。そこで、イタリアやイギリスからオペラカンパニーごと招聘して引っ越し公演ツアーが行われていた。当時のアメリカは、イギリスより大規模な産業革命が起こり、鉄道建設や資源採掘が活発になって多くの起業家が生まれた時代だった。アンドリュー・カーネギーやジョン・ロックフェラーなど世界に名を馳せる富豪が現れたのもこの頃である。経済の活性化で生まれた余剰資金が、娯楽や芸術に影響を及ぼしていたのだ。

つまり、欧州の音楽家たちにとってアメリカは一大ビジネスの場になったのである。例えばスウェーデン出身の歌手ジェニー・リンドは、1852年から3年間のアメリカ巡業で93回のリサイタルを行い、71万2000ドルを稼いだという。現在の価値に換算にすると約2570万ドル（約38億5500万円）である。

これほどまでに大金を稼げるアメリカ市場を、本場欧州の音楽家たちが見逃すはずはない。例えば、すでに欧州で交響曲やバレエなどで人気を博していたロシアの作曲家ピョートル・チャイコフスキーは、アメリカの鉄鋼王カーネギーが1891年に出資して建てたミュージックホール（現カーネギーホール）のこけら落としの音楽祭に招待されて渡米している。この時のギャラは渡航費込みで2500ドルだった（現在の価値で約9万ドル、日本円にして1350万円以上）。チャイコフスキーはその金額に不満を漏らしていたようだが、音楽祭で25日滞在する対価としてこの金額は決して少なくはない。事実、帰国したチャイコフスキーは「私がもっと若かったらアメリカでさらに稼げる」と豪語し、若手音楽家らへ渡米を熱心に勧めていたらしい。

マーラーの大改革

20世紀に入ると、そんなアメリカのクラシック音楽に大きな影響を与えたひとりの音楽家が現れた。オーストリアを代表する指揮者で作曲家のグスタフ・マーラーである。

マーラーはウィーン宮廷歌劇場で10年にわたって音楽監督を務めたが、歌劇場運営陣や音楽家らとの折り合いが悪くなり、1907年にその職を辞した。翌年アメリカに渡り、1909年メトロポリタン歌劇場(以下、MET)と契約している。現在METは世界最高峰の歌劇場のひとつであり、非営利組織のメトロポリタン・オペラ・アソシエーションによって運営されている団体だ。

METは1883年の設立後、イタリア語のオペラ公演が連続開催され、次の年はドイツ語オペラをと、方向性が定まらず迷走していた黎明期に、ウィーン宮廷歌劇場音楽監督でウィーン・フィルも指揮していたマーラーを招聘し、本場欧州のオペラを持ち込んだ。このことは、アメリカにとって非常に大きな意味があった。クラシック音楽、オペラの本場であり最高峰の劇場であるウィーン宮廷歌劇場の芸術をもたらすことができるマーラーを、MET、いやアメリカの音楽界が熱望したのだ。METとの初年度の契約で、マーラーが1年のうち3ヶ月の指揮で約7万5000クローネ(現在の価値で約9400万円)という高待遇を得ていたことからもそれがうかがえる。

しかしこの契約はたった2年で終了してしまう。マーラーがMETを去るというニュースは、アメリカの音楽業界に衝撃をもたらした。この時、アメリカ五大オーケストラのひとつであるニューヨーク・フィルは、マーラーを音楽監督として迎えたいがために、その組織体系まで変更して準備している。当時のニューヨーク・フィルの主な支援者である富裕層たちが、マーラーを迎える体制を整えるために基金を設立し、組織改変を行ったのだ。これが奏功してか、ニューヨーク・フィルはマーラーの招聘に成功している。

ニューヨーク・フィルは、アメリカ生まれの音楽家ウレリ・コレッリ・ヒルの呼びかけで設立された、現存するアメリカ最古のオーケストラだ。もともとは、普段はそれぞれ別の活動をしている地元の音楽家たちが共同組合的に年に数回集まってオーケストラを作り、出資金を出し合ってコンサートを開催し、収益が上がればそれを分け合うという手づくり感のあるサークル活動であった。

一方、マーラーがそれまで関わってきたウィーン・フィルは、設立年はニューヨーク・フィルと同じ1842年ではあるが、もともと宮廷歌劇場管弦楽団として長い歴史を刻み、技術的にも優れた奏者で構成されていた。アメリカで育った地元の音楽家が集まるニューヨーク・フィルとは、演奏技術に大きな差があっただろう。事実、マーラーはその演奏を改善せんと、熾烈(しれつ)なアンサンブル練習とダメ出しに次ぐダメ出しを重ねて演奏技術を叩き込み、演奏会に臨んでいたという。

さらにニューヨーク・フィルは、マーラーに指揮だけでなく楽団員の人事権を含む広範な権利を与えた。この責務に対する初年の契約年俸は9万ドル（現在の価値で310万ドル、2億7000万円相当）。超高額オファーである。とはいえ、アメリカ五大オーケストラの首席指揮者で音楽監督、なおかつ自身の交響曲まで提供できる高名作曲家であることを考えると、2018―19年シーズンの最高ギャランティとされる、リッカルド・ムーティのシカゴ交響楽団からの報酬342万ドル（約5億1300万円）と比肩する数字であることに納得はいく。

マーラーはこの契約で、自身の求める音楽水準に達しない奏者の交代や解雇などの徹底した組織管理を行い、団員の演奏技術と表現力を格段に上げた。その結果、年間10プログラム程度だった演奏会の開催頻度は3倍になり、現在は一般的となった定期演奏会制度が整備された。また、ベートーヴェンの第九など大規模な編成の交響曲に取り組む一方で、当時活躍していた作曲家クロード・ドビュッシーやセルゲイ・ラフマニノフなどの新作も積極的に取り上げている。

マーラーの発案したプログラム構成は、現代まで継承されてスタンダードとなっている。彼の「ニューヨーク・フィルをアメリカで一番の、世界的に一流レベルのオーケストラにする」という思いは今も受け継がれているのだ。現在でも一流指揮者やソリストとの共演や興味深いプログラムを実践し、（新たな作品を作曲家に依頼する）委嘱作品を含む現代音楽の上演にも力を入れている。

マーラーの、ウィーンでのキャリアによって培われた多様なレパートリーやシンフォニー構築は海を越え、新世界ニューヨークで根付くことになった。アメリカのクラシック音楽を本場のそれに近づけようとマーラーが奔走した歴史が、今に息づいているのである。ウィーン・フィルが毎年必ずアメリカツアー、とりわけニューヨークでの公演を欠かさない理由のひとつがここにある。

ウィーン・フィル現楽団長でヴァイオリニストのダニエル・フロシャウアーはかつて、「アメリカには私たちの音楽が根付いている。それを更新していくのもウィーン・フィルの使命だ」と語っていた。つまり、アメリカの音楽芸術はウィーン、また一時は同じ国であったドイツでの音楽が場所を変えて根付いたものであり、だからこそウィーン・フィルは、本場の音楽をアメリカに持ち込み続けることにこだわっているのである。

ボストンという日本の源流

アメリカのクラシック業界でこうした「第二のドイツ音楽文化圏」が形成された背景に

は、欧州の交通網発達の影響もあった。

19世紀後半、多くの旧ハプスブルク帝国およびドイツ系移民がアメリカへ流入した。それまでアメリカの劇場やキリスト教教会などで演奏を行っていた音楽家は、主にイギリスやフランスの沿岸部の地域からの移民だったが、鉄道網が発達したことで、高速蒸気船の発着する港まで内陸で移動することが容易になり、渡米しやすくなったのである。アメリカで音楽興行が盛り上がり、さらに渡航しやすくなったとあれば、欧州の音楽家たちの目が向くのも頷ける。

こうしてドイツ、オーストリアの数多くの音楽家たちがアメリカへ渡った。マーラー以前のニューヨーク・フィルの常任指揮者であり、シカゴ交響楽団を育て上げたセオドア・トーマスもそのひとりである。こうしたドイツ系音楽家が文化を牽引したこともあって、当時のアメリカの多くのオーケストラのリハーサルはドイツ語で行われていた。シカゴでもニューヨークでも団員の半数がドイツ語を母語としているか、十分に理解していたという。

伊沢修二の滞在していたボストンも同様だった。ボストンはアメリカ建国以来人口が増加し発展し続けていた地域で、1881年にはボストン交響楽団が設立されるなど、欧州から入ってきたクラシック音楽文化が根を下ろそうとしていた。

この楽団ではドイツ人指揮者が積極的に採用され、初代常任指揮者ジョージ・ヘンシェル以降、オーストリアかドイツで音楽教育を受けた指揮者を招聘している。ウィーン宮廷歌劇場の指揮者でもあったヴィルヘルム・ゲーリケは、1884年から合計13年にわたってボストン交響楽団で活躍した。またベルリン宮廷歌劇場音楽監督やバイロイト音楽祭の指揮者でもあったカール・ムックも音楽監督を務めている。

こうした人選は、ボストンにおけるクラシック音楽、とりわけドイツオペラの振興に深く寄与したと考えられる。このようにして本場クラシックの本流的土壌が整った地で、伊沢修二は西洋音楽に触れたのだ。そう考えると、日本のクラシック音楽は欧州からボストンに流入したものを受け取ったものだと言える。さらにボストン音楽アカデミーで教育を受けたメーソンが来日し音楽取調掛に勤め、アメリカ留学帰りの瓜生繁が最初の教員のひとりとなったこともこの流れを汲んでいるといえよう。

日本ではこうして、アメリカにルーツのある教師たちによって音楽家が育てられた。そう振り返れば、実は日本のクラシック音楽の源流はボストンにあったと言っても過言ではない。そしてそんな日本で小澤征爾が育ったのだ。小澤は欧州で常任ポストを得る前、ボストン交響楽団の音楽監督を29年間務めている。アメリカから伊沢が持ち込んで始まった日本のクラシック音楽の集大成として「世界のオザワ」が生まれ、その成果をアメリカへ戻した形になったのは、歴史の妙だと言わざるを得ない。

日本のオーケストラの発展の特徴

ではそんな日本のクラシック音楽は、大正期から第二次世界大戦前後にかけて、どう商業的に整備されてきたのだろうか。この章の最後に見ておきたい。

日本のオーケストラは、1924（大正13）年に山田耕筰と近衛秀麿（このえひでまろ）による日本交響楽協会の発足と、1926（大正15）年に近衛が新たに結成した新交響楽団が嚆矢（こうし）である。この新交響楽団がのちの日本交響楽団、現在のNHK交響楽団だ。そのほか終戦から1960年代までの間に、高崎市民オーケストラ（現群馬交響楽団）、東宝交響楽団（現東京交響楽団）、関西交響楽団（現大阪フィルハーモニー交響楽団）、九州交響楽団、日本フィルハーモニー交響楽団、京都市交響楽団、読売日本交響楽団、広島市民交響楽団（現広島交響楽団）、東京都交響楽団、名古屋フィルハーモニー交響楽団など、今に続く多くの楽団が設立され、盛んに活動を行った。高崎市民オーケストラは戦後の荒廃した生活を潤したいと奏者たちが集って結成したものであり、関西交響楽団は指揮者の朝比奈隆が中心となって関西の経済人らと設立したものであるなど、その興りと運営の方法は様々だが、日本各地でそれぞれにクラシック音楽に思いが寄せられるようになっていったのである。そして、これだけの数のオーケストラが設立されるほど演奏家が現れたのは、ひとえに明治期に基礎が築かれた音楽教育が成果を上げ始めたからだといえよう。

戦後はクラシック音楽の新しい季節が訪れた。終戦の年である1945年には、早くも日比谷公会堂で「明朗音楽会」と称する戦後初のクラシックコンサートが開催されている。この後しばらくは演奏会の開催に特筆すべきものがないが、徐々に社会情勢が鎮定していき、娯楽や教養への欲求が高まりはじめた。そうしてようやく、明治期から少しずつ発展してきた日本でのクラシック音楽の、新しい時代の扉が開こうとしていた。

この時期の特徴として、世界的な演奏家の来日が続いたことが挙げられる。戦前の海外演奏家の来日コンサートでは新聞社や放送局といったマスコミが招聘を担っていたが、戦後は興行専門のマネジメント会社や新興プロモーターが参入。終戦後から1950年代頃までは進駐軍基地内での慰問など、歌謡曲の公演の興行を担う業者が多かったものの、60年代に入ると海外アーティストのコンサートなどで興行が活性化して市場も拡大した。これが他のジャンルにも広がりを見せたのが、昭和中期から海外の演奏家やクラシック音楽以外のアーティストの来日公演が全盛を迎えた誘因である。

この流れはそのまま80年代のバブル期から平成初期まで続き、商業規模を拡大していく。一般社団法人コンサートプロモーターズ協会の調べによると、1989年の協会正会員54法人による公演数は年間8900本で、1500万人の動員を達成している。その後の30年も、コロナ禍で一時落ち込みはあったものの、実は右肩上がりの状況が続いており、2023年の同調査では76法人が3万4545本の公演を行い、動員数は約5633万人、年間売上額は5140億円を達成している。

これは、公共音楽施設だけでなくドームやアリーナなど大規模施設の建設がバブル期にラッシュを迎え、大型コンサートができるようになったことに加えて、野外でのフェスなど動員数の多い興行が流行した結果だと考えられる。

それでは、クラシック音楽はこうした時代の流れにどう影響を受けたのだろうか。

新しいメディアと結びつく

戦後日本のオーケストラ界に直接影響を及ぼしたのは、民間、つまりビジネスサイドの動向である。レコード、ラジオ放送といった従来のメディアにテレビ放送、映画など新しいメディアが加わったことで、興行の活性化につながった。これらのメディアにクラシック音楽が多用され、オーケストラの演奏を実際に聞きたいという需要が高まったからである。

こうした興行活動を見ると、日本のオーケストラ文化のそもそもの成り立ちが特徴的である。音楽教育分野でのクラシック音楽は伊沢修二に端を発し、近代化の早い段階で政府にその意義を認められていたが、興行、つまりビジネスサイドでは、西洋式軍隊の組織内の調練や礼式などの実用的観点で設置された陸海軍の軍楽隊と、鹿鳴館に代表される外交的観点で必要とされた宮内省雅楽部など以外に、国はオーケストラに直接関与しなかった。戦後も国が直接運営する楽団は設立されていない。これが他国との大きな違いである。

話を戻すと、その前後から時代が後押しするかのように、第二次世界大戦時にドイツから逃れていたユダヤ人音楽家や、ロシア革命からソビエト建国の際に日本を経由して他国に渡った演奏家らの来日が続いていた。特に1930年代から40年代にかけて新交響楽団指揮者となったジョセフ・ローゼンストックや、中央交響楽団指揮者マンフレート・グルリットなどが本場の音楽を伝えたことは、日本のオーケストラに大きな影響を与えただろう。また、戦後には解散した陸海軍の軍楽隊に所属していた奏者らが、この頃設立された地方オーケストラに受け入れられたり、東京都フィルハーモニー管弦楽団（現東京フィルハーモニー交響楽団）設立時に雇用されたりして、元軍隊音楽奏者が戦後のクラシック音楽の発展に一定の役割を果たしている。

こうして活性化した日本のオーケストラ組織が、新しいメディアが生まれた時代に放送局と結びついた。NHK交響楽団は言うに及ばず、ラジオ東京と東京交響楽団、文化放送と日本フィルハーモニー交響楽団、読売新聞・日本テレビ放送網・読売テレビと読売日本交響楽団である。これらは1950年代の放送メディア拡大の波に乗って隆盛した。残念ながら東京交響楽団など放送局との契約が長く続かない場合もあり、契約打ち切りと同時に持続不可能な状況に追い込まれるというオーケストラ運営の難しさもまた、この時期すでに露呈している。世界情勢の変化と、メディアの発達や変遷というふたつの側面が、20世紀の日本のクラシック音楽ビジネスを形作ってきたのだ。

これはそのまま現在の音楽ビジネスシーンと同じ様相を呈する。

記録メディア媒体と再生機器の発達で市場が活性化した時期には、クラシック音楽もレコードやCDといった録音物の販売で利益を得られていた。しかしアメリカで音楽共有サービスのナップスターが誕生し、その後iTunesなどデジタル音楽の時代になると、業界の収益構造が大きく変化する。2010年代以降はストリーミングでの配信が主流になり、録音と音源制作の費用がかさむクラシック音楽、特にオーケストラの録音物は制作が困難となった。

加えて、オーケストラは演奏者の人数が多いぶん、世界的パンデミックや他国間の武力侵攻や戦争の動向など、世界情勢の煽りを受けやすい。

音楽は常に世界情勢や技術革新の影響を受け続けている。音楽は芸術としてそれ自体で独立して崇高に存在しているわけではないのである。

それでは、第二次世界大戦後に世界の音楽ビジネスを牽引してきたアメリカは、そしてそもそもクラシック音楽が生まれた欧州は、どのように現在、音楽と社会を結びつけているのだろうか。

第5章 どうやって資金を調達するか——アメリカ・イギリス

ビジネスとしての音楽芸術の歴史と現在

「なぜ日本でクラシックを?」という問いへの答えを求め、日本のクラシック音楽に文化的・経済的な影響を与えた要素に光を当ててきた。「世界のオザワ」が生まれる以前、音楽教育、演奏技術、コンサートの興行や運営などの面で日本のクラシックは欧米に強い影響を受けながら、先人たちの試行錯誤のもとで整備され、新しいメディアや技術と結びつきながら発展してきたことがわかってきた。

そう考えると、ひとつの疑問が浮上する。他の音楽ジャンルの興行は市場として十分に機能しているのに対し、クラシック音楽がこれほどまでに経済的に行き詰まっているのは、なぜなのだろうか。

第1章で見たように、現在の日本のクラシック業界はお世辞にも隆盛しているとは言えないどころか、危機的状況にあると言っていい。その中で、日本が欧米を参考にしてクラシック音楽を成り立たせた歴史的事実に鑑みれば、その未来を考えるうえで、その参照元となった欧米の音楽芸術が市場経済の中でいかに成立し、今に至るかに目を向けなければならないだろう。

実際、そこには各国の政治的・文化的事情が渦巻(うずま)いている。この章では、アメリカとイギリスという2つの特徴的な大国を対比しながら、ビジネスとしてのクラシックの歴史を詳しく掘り下げていきたい。

「経済至上主義国家」の事情——アメリカ

巨大新興国であるアメリカは経済至上主義的な価値観が強いとも言われ、パフォーミングアーツとショービジネスの大国として知られる。その中で、音楽芸術を作る団体であるオーケストラは、どのように運営されてきたのだろうか。

まずはアメリカに現在どのくらいのオーケストラがあるのかを見てみよう。

アメリカオーケストラ連盟（LAO）によると、その総数は1800ほどにのぼる。米国芸術振興基金（NEA）によると、実際にプロフェッショナル・オーケストラとして活動しているのは230団体だとされる。さらにこのうち、オーケストラ演奏家連盟（ICSOM）に加入する、楽団員60人以上を雇用する団体は51だ。日本のオーケストラ連盟加盟団体数40と比べて大差ない数である。

しかし、驚くべきはその収益のスケールと収入源だ。

前章で触れたニューヨーク・フィルを例に出そう。同楽団の2022—23年シーズンは定期演奏会やツアーコンサートなどの演奏収入が約2991万ドル（約45億円）。寄付金・助成金収入が6123万ドル（約92億円）、そのほか放送・レコードなどの権利収益を全て合わせると約3億825万ドル（約462億円）である。日本のオーケストラでこれだけ大きな収益を計上する団体は存在しない。

そして日本と決定的に異なるのは、収益のうちに寄付金が占める額の大きさである。前章で触れたように、19世紀末から20世紀初頭にかけて実業家が急速に富を成したアメリカでは、超富裕層がオペラ劇場など芸術施設の支援を積極的に行っていた。個人財団を設立したカーネギー、フォード、ロックフェラーなどがその先導である。現在アメリカには2万5000を超える財団が存在し、それらの財団には非営利組織に対して5％の寄付を行う義務が課せられている。

アメリカのオーケストラでは、こうした寄付支援をどのように募るかが最重要になっている。先述したNEAには、助成を受けたい団体と寄付金を拠出したい財団のマッチンググラントが存在している。マッチンググラントとは、助成財団や企業などが非営利組織に助成金を出す時に、助成先の団体が独自に調達した資金に対してあらかじめ決めた一定比率で助成金を提供する仕組みである。つまりこの制度下では、芸術団体は国や自治体からの助成に頼るだけでなく、金銭的自立を目指す努力が求められる。アメリカでは、NEAから助成を受ける場合は同額の寄付金を団体の自助努力によって集める必要がある。こうした背景もあり、音楽の芸術性や人気を左右する音楽監督（指揮者）には、オーケストラの顔として民間からの寄付金集めが大きな役割のひとつになる。

対してニューヨーク・フィルの経常費用はというと、約9281万ドル（約139億円）だ。やはりアメリカでも演奏収入だけでは運営経費は賄えず、寄付や助成金が頼みの綱になっている。その中で特徴的なのは、日本と違って多くの団体が資金の投資収益（または損失も）を計上している点だろう。同年のニューヨーク・フィルでもこの項目がプラス4000万円を超えている。アメリカでは芸術団体とはいえ、一民間法人としてファンドレイジングや投資戦略などによって演奏以外の収入の増強を図るという、複合的な運営施策が行われているのだ。

自助意識の強いアメリカのオーケストラ

観客動員とチケット収益の背景に関しても日本とは違った側面がある。

アメリカは世界各国から市民が自由を求めて集まってきた歴史のある国だ。そのためか、文化活動に政治や国家が介入することをよしとしない風潮がある。オーケストラについてもニューヨーク・フィルのように、もともとサークル活動的に発生して大きくなっていった団体が多い。

そうした歴史が、経営的な困難が生じても公的支援を求める動きを鈍化させた。つまり、文化芸術でさえも民間でなんとかしようとする傾向が長きにわたって強かったのである。それぞれのオーケストラは本拠地のある都市の地元実業家などの支援を受けて運営基盤が整えられ、市民の自発的な支えによって運営されてきた。ただし、これは本来税収として得られた金額が地元オーケストラの寄付に回ったわけで、間接的な公的支援であったとも言えるのだが。ともあれ、そうした中でアメリカのクラシック音楽は19世紀から発展していった。

とはいえ20世紀に入ると、二度の世界大戦や世界恐慌などによって、市民に支えられた〝自律した〟オーケストラといえども、運営が窮地に陥ることもあったようである。また一方で「文化発展」といえば聞こえはいいが、健全な経営と芸術の質的な向上という、時に相反する理想の狭間で賢明な判断を欠いたことによって運営難に陥る団体もあった。

ウィリアム・J・ボウモルとウィリアム・G・ボウエンによる調査によれば、1850

年のニューヨーク・フィルの運営経費は３０００ドル以下であったのに対して、１９６５―66年シーズンでは総経費およそ３００万ドル、１１５年でおよそ１０００倍となっている。演奏会1回あたりの経費と卸売物価指数の推移比較調査に基づく計算では、（データが利用できる最長期間である）１８４３年から１９６４年で見ると、演奏会1回あたりの費用は年２・５％増加しているのに対して、卸売物価指数は年1％の成長にとどまっている。１２１年間で、演奏会費用は20倍になっているのに対して物価指数は4倍程度であり、物価上昇や経済状況の変化が伴っているとはいえ、オーケストラを存続するための必要経費は大幅にかさんでいることがうかがえる。こうした傾向はニューヨーク・フィルだけでなく他団体でも見られた。

加えてアメリカでは、他ジャンルのエンターテインメントとの競合が避けられない。そうした中で、１９６５年には舞台芸術に関する公的助成の必要性に関する提言が議会に提出され、これが発端となって公的支援への気運が高まった。そうして同年に設立されたＮＥＡや州の文化局が活動を支援するという、芸術への公的助成が行われるようになったのである。アメリカの文化政策はこの2つが柱となり、ＮＥＡ経由の助成と個人や法人から寄付を誘導するための税制優遇措置が取られている。

一方で政府は、文化事業や文化施設の運営を直接は行っていない。ホールや美術館は日本では公営施設であることが多いが、今もアメリカではハードもソフトも民間によって運営されている。

アメリカのオーケストラの脆弱な一面

こうした話はいかにもアメリカらしいが、民間の努力で芸術を支えるという音楽業界のあり方は、時として脆弱(ぜいじゃく)な面を見せる。新型コロナウイルスの世界的な感染拡大によってアメリカのクラシック音楽界が大きく揺れたことは、その象徴と言っていい。

メトロポリタン歌劇場は2020年3月19日付で、新型コロナウイルス感染拡大の影響によるアメリカ政府の措置により、5月9日まで予定されていた2019年度の公演を打ち切ることを発表。さらにその後、2020―21年シーズンの公演再開をしないことを決定している（次シーズンは2021年9月〜）。「ニューヨーク・タイムズ」紙は、メトロポリタン歌劇場は2019―20年分の公演中止だけで6000万ドル（約90億円）以上を失うと報じた。

これによって同歌劇場に所属する楽団員や歌手、舞台スタッフらはレイオフされ、給与支払いも3月までという非常に厳しい措置が下された。アメリカにおけるレイオフとは、業績悪化などの理由で企業が従業員を一時的に解雇する雇用調整施策で、再雇用を前提としたものだ。法人の存続危機が解消されれば再雇用されることから、法人側としては人材流出の防止が見込めるが、一時的であれ仕事を失う側としてはたまらない。

当然ながらメトロポリタン歌劇場所属の音楽家たちは、物価や家賃相場の高いニューヨークに住み続けて再開を待てる者ばかりではなかった。別の仕事をニューヨークで始めたり、地方へ引っ越す音楽家もいた。しかし、アメリカ全土で同様のロックダウン施策が取られていたため、音楽家が音楽家として生計を立てることはできなかった。

話が脇道に逸れるが、これに対して、母国オーストリアのロックダウン時から準備し続け、いち早く通常公演を再開していたウィーン・フィルが、メトロポリタン歌劇場の救済についての声明を楽団長名で発表している。

以下にそのメッセージを紹介したい（筆者訳）。

クラシック音楽界の友人たち、応援してくださる皆様へ
2021年2月24日ウィーンより

今、世界が注目しています。2020年4月1日以降、メトロポリタン歌劇場からの給与がゼロになるため、METオーケストラのメンバーのうち30％は、ニューヨークでの生活を維持できなくなります。この数字はこの危機が続けば続くほど大きくなるでしょう。メトロポリタン歌劇場の世界的な名声とニューヨークの文化的土壌は、この音楽家の喪失で壊滅的な打撃を受けることになるでしょう。このオーケストラは世界的にも有数の演奏家を抱えています。音楽家たちは素晴らしいオペラを世界に届けるだけでなく、それ以上に文化的、経済的な影響力を持っています。彼らは教師であり、メンターでもあります。彼らはあらゆる地域で、ステージで、人々にインスピレーションを与えています。そしてこのことが地域社会に貢献しているのです。オーケストラのメンバーは、経営陣からの擁護と政府からの支援をさらに必要としています。手遅れになる前に、この文化的荒廃にもっと注意を払うべきです。私たちウィーン・フィルの同僚や友人たちは、メトロポリタン歌劇場が今後もこの音楽家たちによって公演できる方法を見つけることを望んでいます。

ダニエル・フロシャウアー
ウィーン・フィルハーモニー管弦楽団 楽団長

この声明をフロシャウアーは、ウィーン国立歌劇場に雇用される奏者としてではなく、あくまでウィーン・フィルの楽団長として発表している。そしてその言葉はメトロポリタン歌劇場の経営陣ではなく、音楽を愛する人へ向けられている。この二つの事実は、「他国の他団体の経営に対して苦言を呈するという立場を取らない」という、政治的に配慮されたものであることに注意したい。ウィーン・フィルはこのように、あの世界的パンデミックの中で、アメリカのメトロポリタン歌劇場の窮地をクラシック音楽界全体のこととして扱い、業界のオピニオンリーダーとして振る舞っていた。

先に触れたボウモルとボウエンは、かつてのアメリカのオーケストラを「アメリカクラシック音楽界黎明期の古い協同組合体」と表現している。それを解体して民間主導で発展を試みたアメリカのオーケストラは、現在もアメリカらしい思考で運営されている。

一方で、そんな国にクラシック音楽をもたらした音楽家たちのいた、ハレ管弦楽団やロンドン交響楽団などイギリスに君臨するオーケストラ、あるいは「音楽の都」ウィーンの顔であるウィーン・フィルは、現在もボウモルらの言うところの古い協同組合で運営されている。

産業革命が可能にした楽器の大量生産と改良――イギリス

では、そうした「古い協同組合」としてのイギリスのオーケストラは、どのように運営されているのだろうか。

それを考えるためにはまず、イギリスにおけるクラシック音楽の発展史を辿る必要がある。イギリスのクラシック音楽は、他の欧州諸国とは異なる独自の発展をしているからだ。

18世紀半ばから19世紀にかけて、イギリスで産業革命が起こった。綿工業の技術革新や蒸気機関を用いた大規模な工場制機械工業が普及し、産業と社会のありようは一変した。その恩恵を受けて増加した裕福な市民層は、ドイツやオーストリアの本場のクラシック音楽を享受するようになっていった。

産業革命は楽器製造にも大きな影響を与えた。管楽器は工業化によって大量生産が可能になり、そのメカニズムも改良され、この時期に音律が平均律に標準化されている。トランペットやホルンはピストンやバルブが付き、半音階が出るようになった。

これが1820年代の終わり頃から実用化されたことで、作曲にも影響を及ぼした。ベートーヴェンは交響曲第9番第3楽章の4番ホルンのパートを、この新しいバルブ付き楽器で演奏することを前提に書いたと言われる。管楽器だけでなく、ピアノの改良も進んだ。ヨーロッパでは1790年頃から、それまでの弦（げん）を引っ掛けて音を出すチェンバロ様式ではなく、打鍵（だけん）のメカニズムを大きく改良した英国のブロードウッド社のピアノがトップシェアを誇るようになった。ベートーヴェンもこのピアノを使っている。

このようにイギリスでは、音楽を作るというよりも、むしろクラシック音楽の周辺産業を作り出してきたのである。

ハイドンとヘンデル

18世紀、産業革命によって潤うイギリスでは、欧州の本場のクラシック音楽を求めて盛んに興行が行われた。実際に、ドイツやオーストリアを中心にクラシック音楽の古典派が栄えていたこの時期、ハイドンなどがイギリスに渡り長く滞在している。

とりわけイギリスの聴衆はハイドンの作品に熱狂した。ハイドンは名声を大きく高めただけでなく、巨額の富を得ている。イギリスで得た総収入は2万グルデン（現在価値で約1

億円)で、ハイドンが楽長としてハンガリー有数の貴族エステルハージ家から得ていた年収と比べても2倍以上の金額である。ちなみにこのイギリス訪問の間に、「交響曲第94番ト長調 Hob. I：94〈驚愕〉」など有名な作品の数々を生んでいる。またヘンデルのオラトリオを聴いたのもロンドン滞在中だったと言われ、これに大きな刺激を受けて帰国後にオラトリオ「天地創造」と「四季」を作り上げている。

ドイツ人のヘンデルもイギリスに帰化し、その作品はイギリス王室の行事をはじめ現在でも大切にされている。生誕100年の音楽祭「ヘンデル・コメモレーション Handel Commemoration」が、1784年5月26日から6月5日までウェストミンスター寺院で開催されるほどの熱狂ぶりだった。この企画は多数の歌手や器楽奏者による一連のコンサートの形式をとり、一般に広く公開されている。

これは世界初の大規模音楽祭でもあった。その後さらに5回のヘンデルの記念式典が開催され、最後の記念式典には1000人以上の演奏家と推定2200人の聴衆が集まった(その中にはハイドンも含まれていたという)。1834年にはやはりウェストミンスター寺院で、さらに大規模な記念式典である王立音楽祭が開催され、625名の音楽家(器楽奏者223名、合唱歌手397名、ソリスト5名)が参加し、聴衆は2700名にのぼったという。

現在の「BBCプロムス」(後述)などの音楽祭、音楽興行の基礎が、この時すでにロンドンで成立していたのである。

ロンドンの「互助的」オーケストラの誕生

次に、イギリスのクラシック音楽が技術革新と響き合うように発展した中で、オーケストラがどのように生まれたかを見てみたい。

ロンドンでは1813年にコンサートのプロモーションを行うロンドン・フィルハーモニック協会(のちのロイヤル・フィルハーモニック協会)が設立された。この協会は演奏家たちの互助会的な側面だけでなく、欧州大陸から指揮者やソリストを招聘し、さらに作曲家に委嘱して新作の上演も行うなど、実務的な面を併せ持っていた。ベートーヴェンの交響曲第5番、第7番など主要作品のイギリスでの初演もこの協会が行っている。実は第九自体がロンドン・フィルハーモニック協会が依頼して作曲されたものだ(結果的に初演はウィーンで行われたのだが)。

一方で、楽器生産などの音楽工業、また興行ビジネスが先行していながら、いやビジネスが成立していたからとも言えるが、ロンドンでは20世紀まで大きなオーケストラ創設の動きがなかった。1732年にロイヤル・オペラ・ハウスのコヴェント・ガーデン王立歌劇場管弦楽団が設立されていたが、これはもっぱらオペラを演奏する団体であった。

オーケストラとしては、産業革命で潤っていたマンチェスターで、首都ロンドンに先んじる形で1858年、ハレ管弦楽団が設立されている。楽団の名称となっているハレとは、楽団の創設者で指揮者のドイツ人カール・ハレに由来する。ハレはその後イギリスに帰化し、1895年に亡くなるまで楽団の常任指揮者であり、またオーナーでもあった。

その後、ようやくロンドンで初の常設オーケストラであるクィーンズ・ホール管弦楽団（現ニュー・クィーンズ・ホール管弦楽団）が誕生したのは、19世紀末、1895年のことだった。指揮者で創設者のひとりであるサー・ヘンリー・ウッドはこの楽団を厳しく練習させて演奏技術の向上を図ったが、楽団の演奏のギャラだけでは生活ができなかった奏者たちの他の活動を長時間のリハーサルが阻んだため、ウッドと奏者との間で軋轢が生じ、楽員らが独立を図ることになる。そうして1904年に立ち上げられたのが、イギリス初の自主運営オーケストラ、ロンドン交響楽団（LSO）であった。

ロンドン交響楽団は当地での活動にとどまらず、さまざまな地へ遠征して世界に名を馳せたことで知られる。1906年にはパリ公演を、また1912年には初のアメリカツアーを敢行した。

また、クラシック音楽界で新しいビジネスを生み出したのもロンドン交響楽団だった。1913年からHMVで初の録音業務を開始し、1920年からはグラモフォンと契約、自身のオーケストラ演奏の録音作品の発売を始めたのである。

さらに、映画音楽の制作にも積極的に取り組んだ。無声映画に生演奏で音楽をつけていた時代から、技術の進化によって劇伴として録音物を使用できるようになったことで、映画音楽の制作はオーケストラの貴重な収入源のひとつになった。ロンドン交響楽団の有名な映画音楽には、何と言っても『スター・ウォーズ』シリーズがまず挙げられるだろう。

さらに、現在も続く音楽祭、BBCプロムスへの出演を開始していたのもこの頃だ。ご存じの通りBBCは1924年にラジオ放送を開始した英国放送協会のことで、その放送開始直後からBBCは全英各地でオーケストラを設立したり既存楽団を支援したりして、その音楽を番組制作に利用している。テレビ放送が始まってからも、この放送料がBBCにとってもオーケストラにとっても重要な収入源となっていた。また、1927年からはヘンリー・ウッドが開催していたプロムナード・コンサートの形を引き継いで、「BBCプロムス」として運営が開始されている。

世界最大の音楽祭

ここでBBCプロムスについて詳しく紹介しておきたい。

BBCプロムスは正式名称を「ヘンリー・ウッド・プロムナード・コンサート（Henry Wood Promenade Concerts）」とする、世界で最も有名なクラシック音楽祭のひとつだ。例年7月から9月までの約2ヶ月間、ロンドン中心部に位置するロイヤル・アルバートホールを中心に、世界各国から一流の音楽家たちを招聘して100公演近くのコンサートや関連イベントを開催している。

大規模ながら、前売着席券の価格は7・5～90ポンド（1425円～1万7100円、以下1ポンド＝190円として換算）程度で、他のクラシック音楽の公演やオペラに比べると低価格帯で設定されている。しかも格安の当日券や、「アリーナ」と呼ばれるオーケストラの目前の立見席や「ギャラリー」と呼ばれるオーケストラから遠く離れた天井座敷立見席はもっと安く（5ポンド＝約950円）、若い層にも手が届きやすい。さらに前売り分が完売していても必ず当日券が用意されているため、思い立ったらすぐに出かけられる気軽さもある。最終夜にはハイド・パークに巨大スクリーンを設置して、ロイヤル・アルバートホールで行われる「ラスト・ナイト」の演奏を同時中継する「プロムス・イン・ザ・パーク」

BBCプロムスの様子（写真提供：ロイター／アフロ）

があり、公園に集った観衆が手をつないで英国国歌を合唱するフィナーレは圧巻だ。

BBCプロムスは近年、とりわけ大きな盛り上がりを見せている。

2023年9月12日付のBBCメディアセンターのニュースによれば、コロナ後のこの年は記録的な観客動員数を誇り、ロイヤル・アルバートホールでの公演プログラムの半数以上が完売したという。2019年のパンデミック前より7％増加しており、クラシック音楽イベントとして突出した観客動員率を叩き出した。7000人を収容できるロイヤル・アルバートホールで10回分の公演が完売したということは、のべ7万人が訪れたことになる。

さらに〝オンライン・シーズン〟でもあった。BBCプロムスのコンテンツにアクセスした人の数は前年の2倍以上、約100万人がオンラインで視聴した。テレビ放送でも週末には320万人、最終日の夜公演はさらに増えて350万人が視聴し、近年の最多視聴者数を獲得している。

この記録的な動員の背景には、指揮者サー・サイモン・ラトルのロンドン交響楽団音楽監督としての最後のコンサートであったこと、ベルリオーズの大作オペラ「トロイの木馬」のフル・コンサート上演（英国では10年以上ぶりの上演）などプログラムの秀逸さがあったと考えられるが、新規層の開拓に成功したこともその大きな要因だと考えられる。というのは、ロイヤル・アルバートホールを訪れた観客のうち、実に半数近くの47％がプロムスに初めて参加していたのである（この理由については後述する）。

またTikTokと提携してハッシュタグをリニューアルし、主に18歳から34歳の人々が利用するこのプラットフォームでのPRを積極的に行った。結果プロムスの動画は100万回以上視聴され、若年層で大きなムーブメントとなっている。また、プロムスの動画コンテンツは、TikTok以外のソーシャルメディア上でも過去最高のパフォーマンスを記録し、BBCのソーシャル・プラットフォームの動画が1600万回以上視聴されている。新しい世代へのアプローチがよく機能している好例と言えよう。

“結果を出す”自助努力の継続が政府を動かす

こうした盛り上がりを見せるイギリスのクラシック音楽界は経済的にも安定しているのだろうか。答えは残念ながら否である。各オーケストラの財務事情は、決して楽観視できる状況ではない。

例えばＢＢＣプロムスにも参加しているロンドン交響楽団は現在、ロンドン中心部にあるバービカン・センターのレジデントオーケストラとして年間79回以上のコンサートや海外ツアー、映画音楽制作など幅広く展開している。独自レーベル「ＬＳＯ Ｌｉｖｅ」ではＣＤ制作だけでなく配信やダウンロード販売にもいち早く着手しているが、これほどの有名オーケストラでさえ、年間予算は１７００万ポンド（約3億円）程度にとどまる。

そして、その予算の4分の1が公的資金によるものだ。うち15％がアーツ・カウンシルから、13％がロンドン市によって拠出されている。アーツ・カウンシルとは、１９４６年に経済学者のジョン・メイナード・ケインズによって設立された、政府とは一定の距離を置いて運営されている、文化芸術を支える団体である。数度の組織改編を経て１９９４年に、イングランド、ウェールズ、スコットランド、北アイルランドという4つのアーツ・カウンシルが誕生した。２０１０年には「Great art and culture for everyone（素晴らしい文化芸術を全ての人に)」というスローガンを掲げて、向こう10年間の戦略的枠組みを構想している。特に「全ての子どもや若者が早い時期から文化芸術の豊かさを体験する機会を持つこと」というミッションでは、クラシック音楽の団体が大きく関係している。

こうした音楽芸術を支える民間団体が存在するのは、産業革命後に貴族ではなく経済力を持った一般市民が文化芸術を育んできたことが結実しているからなのだが、そうした文化的土壌があっても、政治や経済の変動によって運営は大きく揺らぐ。近年では2010年の政権交代の際に文化予算が大幅に削減されているし、その予算案では2011年以降の芸術関連予算が40％削減された。これによって政府からの補助金が運営費の一部となっているイングランドのアーツ・カウンシルも大幅な支出カットを余儀なくされた。この時同団体は地域カウンシルの組織改編を行い、職員数を減らすなどして存続を図ったものの、2015年には文化芸術団体への助成金を減額せざるを得なくなっている。

支援を受ける側の芸術団体は、国や行政、アーツ・カウンシルからの助成に頼らず、それぞれに事業収益を上げる工夫をし、寄付や協賛などで資金集めを強化した。例えばアーツ・カウンシルなどから3年間の継続助成を受けているNPO（National Portfolio Organisation）と呼ばれる芸術・文化・遺産を扱う認定団体の2010年から3年間の収支報告の集計内訳を見ると、イングランドのアーツ・カウンシルからの助成金は年々減っている一方で、自己収入比率は年々上昇している。

こうした〝結果を出す〟自助努力の継続が認知されたことで、イギリス政府は2015年に予算見直しを図り、向こう4年間の文化予算削減を撤回している。イギリスの試算によれば、10億ポンド（約1900億円）の芸術への投資が2500億ポンド（約47・5兆円）の経済効果を生む、としている。

芸術団体の社会的な取り組みが認められた結果、経済効果という目に見える数字で示されたインパクトによって、文化政策や支援が強化されたと言えるだろう。

ロンドン交響楽団はなぜ教育事業を重視するのか

当然ながら、オーケストラ団体の活動もその影響下にある。ロンドン交響楽団の活動の中で、コンサート興行だけでなく、教育関連事業が重視されているのも「芸術団体の社会的取り組み」の一環と言える。最後にロンドン交響楽団の教育事業がどのようなものなのかを見てみよう。

同楽団が行う教育事業は「LSO Discoveryプログラム」と呼ばれ、聖ルークス教会を改修して本拠地とし、地域社会や学校向けのプログラム、若手演奏家育成のためのプログラムで構成されている。2003年の開始以降、年間30以上のプログラムを実施しており、これまで6万人以上が参加した。1999―2000年シーズンの支出額とその10年後の2009―10年シーズンを比較すると23万3000ポンド（約4427万円）から100万ポンド（約1・9億円）へと4倍以上になっており、この教育事業がロンドン交響楽団にとってどれほど重要であるかがわかるだろう。

ロンドン交響楽団がこの事業を拡大しているのは、単に次世代への種まきとして重視しているからだけではない。もちろんオーケストラにとって次世代の愛好家の人口を増やし、同時に未来の同僚を育てることは極めて大事だが、この事業に注力する背景には、イギリス政府による音楽教育のためのナショナル・プランがある。

このナショナル・プランは、5歳から18歳までを対象とする教育プログラムを構築した団体に対し、その機会提供の成果として政府が3年間の助成金を支給するというものである。予算は大きく、初年度は総額で8250万ポンド（約156・7億円）、その後段階的に引き下げられたものの総額で2万8100ポンド（約534億円）にものぼる。

同時に、こうした社会的な取り組みがスポンサーへの強力なアピールにつながるという点も忘れてはいけない。教育への投資は芸術団体の存在価値と意義を示すことであり、支援する法人や財団側からの重要な評価点となるからだ。

「資金はビジョンに従う」

ロンドン交響楽団のこうした経営戦略と運営方針は、いったいどこから生まれたのか。その基礎を作ったのは、1984年にマネージング・ディレクターに就任したクライヴ・ギリンソンという人物である。

ギリンソンはまず、当時の悪化した財務状況を改善するために、指揮者クラウディオ・アバドとともに公演リスク、つまり「チケットが売れないかもしれない」というリスクを引き受けてでも、芸術的価値の高い音楽祭を開催した。当時から人気の高かったアバドによるマーラーの交響曲の演奏を行うだけでなく、これに現代音楽を組み合わせてプログラムを構成することに尽力したのである。

これは、アバドがこの企画段階で発言した「このプロジェクトを行わないのであれば、そもそもロンドン交響楽団は音楽にとって必要なオーケストラなのか？　このようなイヴェントこそオーケストラ存続のために必要だ」という、オーケストラの芸術的な存在価値を真っ向から訴える姿勢を重視したものだった。

同時にオーケストラ運営は、リハーサルの時間を短縮するなど費用の削減に取り組み、プログラムの制作費を抑える努力によって潜在的な収入を増やそうとした。こうした音楽家と運営側双方の協力が実を結び、この音楽祭は興行的にも成功を収めている。

同時期に企画されていた名チェリスト、ムスティスラフ・ロストロポーヴィッチの60歳の誕生日を祝う祝賀プロジェクトでもこの方針は貫かれている。このプロジェクトは、チェロ協奏曲のみで構成される5つの公演と、彼が指揮する3つの交響曲で構成される大掛かりなプログラムだった。企画段階でロストロポーヴィッチのマネジメント側は、経営難が明らかだったロンドン交響楽団の単独開催に難色を示していたが、ロストロポーヴィッチ本人がロンドン交響楽団、特に同じく元チェリストであったギリンソンの熱意と信念に敬服して企画を受け入れたという。

この興行の成功が、オーケストラ存続の転機となった。芸術的に大成功だったのみならず、財政面についても大きな進展を見せたのである。これまで小規模な寄付しか行っていなかったUBS AG銀行がロストロポーヴィッチシリーズのメインスポンサーとなり、パートナーシップが確立されたのだ。そして最終的には、先の教育プログラムとその拠点形成プロジェクト「LSO聖ルークス」の主要スポンサー契約へとつながった。当初推定費用は1400万ポンド（約26・6億円）にものぼる。

これら一連の経験をもって、ギリンソンは、そしてロンドン交響楽団は、オーケストラ運営についてひとつの最も重要な教訓を得た。

ギリンソンの言葉を借りれば、それは「資金はビジョンに従う」ということである。同楽団が辿り着いたこの教訓は、芸術団体の運営と資金繰りに悩む現在の全てのオーケストラ団体、また芸術家の活動のヒントになるのではないだろうか。

若い層に広がるクラシック音楽

こうしたロンドン交響楽団をはじめとするイギリスのクラシック音楽界の努力は現在、確かな成果として数字に表れている。

ロイヤル・フィルハーモニー管弦楽団が2025年1月に発表した最新の調査によれば、イギリスの35歳以下の人々が日常生活の一部としてオーケストラ音楽を聴いている割合が、過去5年間増加しているという。それだけでなく、若い人々のほうがその親の世代よりクラシック音楽、オーケストラを聴いているというのである。日常生活でのクラシック音楽の視聴については、35歳以下の65％の人が定期的に聴いていると答えた。さらに興味深いことに、これは55歳以上の55％より高い数字である。つまり若年層は日常的なシーンで、ストリーミングなどでクラシック音楽を手軽に楽しむようになっているのだ。

この背景には、2020年に始まった世界的なパンデミックによって家庭内で過ごす時間が増えた中で、無料公開のコンサート映像の視聴やストリーミングサービスへの加入でクラシック音楽に触れる機会が一気に増加したこともある。また、こうしたきっかけが、BBCプロムスのSNSでの宣伝効果などと相まって、一気に若者を劇場や公演に向けさせることにつながっている。もちろん、イギリスが国策として行ってきた子どもへの音楽教育があってこそだということは言うまでもない。

アメリカではこれまで見てきたとおり、芸術団体に政府が関与しない民間主導での運営がよしとされ、オーケストラは助成金に頼らず寄付金を募ることが重要だと認識されている。一方、文化振興と音楽教育に社会的な価値が見出され、政府と民間の双方からの支援によって運営されてきたのがイギリスのオーケストラであった。対照的ではあるが、どちらもそれぞれの音楽の普及と発展の歴史の中で、市民や社会全体の文化への関わり方が楽団の運営を左右し、存続に寄与している。オーケストラを維持運営し、芸術の灯をつないでいくことは容易なことではないのだ。

それでは、と今一度考える。そのクラシック音楽発祥の地である欧州本土の国々では、いったいどのように楽団が成り立ってきたのだろうか。

第6章 資金さえあればいいのか——オーストリア、ドイツ、フランス

豊かな土壌の上ではどうか

　これまで日本や英米の事例をつぶさに見ながら、クラシックという音楽芸術をビジネスとして成立させることの実際を追ってきた。ここまで取り上げたいずれの国のオーケストラ、ひいては音楽芸術には、政府によって大なり小なりの支援が長期にわたって行われており、それによって多くのオーケストラは運営を維持することが可能になっていた。

　それでは、クラシック音楽が発祥した地である欧州本土ではどうなのだろうか。例えばこれまで何度か本書に登場したウィーン・フィルは経営母体を持たず、スポンサーが経営に関与していないばかりか、公的資金も投入されていない。運営に関わることは全て自分たちの手で行う、世界でも極めて珍しい楽団である（詳しくは拙書『ウィーン・フィルの哲学――至高の楽団はなぜ経営団体を持たないのか』を参照いただきたい）。

　ウィーン・フィルは極端な例だとしても、豊かな音楽文化の土壌がある地において、オーケストラはどのように成り立っているのだろうか。オーストリア、ドイツ、フランスの事情について、それぞれに追ってみたい。

市民が育て、国家が支える音楽文化――オーストリア

オーストリアは、音楽への国家的支援が非常に高い水準で行われている国である。

その歴史を遡ると、フランツ・ヨーゼフ1世がウィーンに歌劇場を建設した1705年を起点にして考えることができる。それ以前のオペラやオーケストラは、君主であるハプスブルク家や、貴族の所有物として存在していたからである。

19世紀初頭、オーストリアでは裕福な市民層が台頭し、高い芸術性を求める音楽愛好家が増えていった。そうした中で首都ウィーンでは、多くの音楽愛好家やディレッタント（趣味で演奏を楽しむアマチュア音楽家）が一致団結し、定期的にコンサート企画を行うことを目的として1812年にウィーン楽友協会が設立された。当初はディレッタントのみで構成することが目指されたが、より高い音楽性を求めて宮廷楽長のアントニオ・サリエリやフランツ・シューベルトも参加し、さらにはベートーヴェンの第九の初演を行った。それまでにも音楽団体や協会は存在していたが、財政上の問題を抱え、継続的な演奏機会を提供できる団体はウィーンに存在しなかった。オーストリアの音楽文化は、プロとアマチュアの両輪で大きく発展していったのである。

その後君主制が消滅した後も、ウィーンの宮廷、貴族が担っていた音楽文化はその所有

権が国家や州に移されて存続していった。第一次世界大戦後、一時は存続が危ぶまれた宮廷歌劇場（現ウィーン国立歌劇場）は、音楽を愛する市民感情が政府を動かし、国営ののち国が100％出資する形で民営化されて今も運営されている。モーツァルトやシューベルト、シュトラウス一家など、自国が生んだ偉大な作曲家たちの作品の演奏や、それを披露する劇場を、音楽を愛する市民と国家が支えてきたこの歴史が、現在もオーストリアが高い水準で国家的支援を行うにあたっての強力な裏付けとなっている。

では実際に、政府から音楽界に対してどのくらいの資金的な援助が行われているのだろう。ここでは20世紀の政治的混乱の後の時代から見てみたい。

戦後、ようやく社会が復興してきた1961年、オーストリア教育省は芸術分野に対して660万ドルの支援を行い（のちに550万ドルを追加）、9つの州からは2730万ドルの寄付があった。5つの国立劇場などに収められた金額は、総額にして3940万ドルになる。

この芸術支援の財源は、当時年間約800万ドルの売上があった映画のチケットにおよそ5％の税金をかけることで賄われ、次はテレビに付加税をかけた。この税収はオーストリア教育省から芸術分野への助成のために排他的に使用されている。つまりファインアートの保全のために、エンターテインメント分野の利益が差し出されている格好だ。

オーストリア政府の芸術分野に対する政策の手厚さは、パンデミック期にも表れている。アメリカのメトロポリタン歌劇場が窮地に追い込まれて音楽家をレイオフしていた頃、オーストリアではいち早くロックダウンやその解除への政策を打ち出した。ロックダウン時、芸術に対する助成総額は9億ユーロ（約1440億円／以下、1ユーロ160円で換算）にのぼっただけでなく、オーストリア国内にいる約1万5000人の芸術家に対しては、月額1000ユーロ（約16万円）が支給されたというのだから驚きだ。民間レベルでは、音大に通う学生たちへの基金なども早い段階で設けられ、その活動が活発に展開された。国も民間も、音楽芸術をどれほど重視しているかがうかがえよう。

政府からの無茶な要求に……

このように、オーストリアの音楽芸術は政府からの強力な支援に支えられているわけだが、常に資金が潤沢ではなかったことにも触れておかねばならない。

オーストリアが世界に誇るウィーン国立歌劇場でさえ、その継続的な運営のために、これまでさまざまな手立てが講じられてきた。同劇場は毎年1シーズンで300回ほどのオペラやバレエの上演が行われている世界有数の歌劇場だが、その歴史は決して順風満帆なものではない。もともとは1869年に皇帝夫妻フランツ・ヨーゼフ1世とエリザベートの臨席によって華々しく幕を開けた宮廷歌劇場である。ナチスドイツの侵攻や第二次世界大戦の戦禍によって建物は大きな被害を受け、修復が終わったのは戦後10年が経った1955年のことだった。その後、芸術関連と施設運営などの法整備が整った1999年に民営化され、国が100%出資する有限会社（GmbH）へと変わっている。

そんなウィーン国立歌劇場がオーストリア政府からの警告を受け、大規模な経費節約を迫られたことがあった。2012年7月、政府は欧州各国と足並みを揃える形で国家予算が見直され、負債を減らすために支出を削減すると発表した。それまでウィーン国立歌劇場に対して年間5640万ユーロ（約90億円）を支援してきたところを、国家財政上今後それを継続することが難しくなるという予測のもと、運営経費のうち1000万ユーロ（約16億円）を削減せよと通達したのだ。

当時の音楽監督で指揮者のフランツ・ヴェルザー゠メストはこれに対して、「現在、国立歌劇場はすでに効率的に運営されており、これ以上の合理化は難しい。政府からはこの削減要求をどのように達成するかという説明すらされていません」と不快感を示している。

ウィーン国立歌劇場は2011年7月から2012年6月までの12ヶ月で3130万ユーロ(50億円超)の利益を計上している。先のヴェルザー＝メストは、同年7月のBBCのインタビューに答えて、次のように言った。

「国際的に見てもウィーン国立歌劇場の興行収入は世界一です。バイエルン国立歌劇場の収入はウィーン国立歌劇場より1000万ユーロ(約16億円)少なく、ベルリン国立歌劇場は2000万ユーロ(約32億円)も下です。ウィーン国立歌劇場がこれ以上収入を増やす可能性は低いでしょう。文化はオーストリアの観光産業にとって大きなビジネスですが、かつてほど高く評価されていないのではないでしょうか」

「剛腕」マイヤーの大改革

こうした経済的な圧力の中でビジネスセンスを発揮し、活躍した人物がいた。それが元ウィーン国立歌劇場の総裁、ドミニク・マイヤーである。彼は2010年にそのポストに就任してすぐに徹底的な運営の合理化を図り、演奏者らの待遇を整理、改善した剛腕として知られる人物だ。その手腕がこの時期に発揮されたのである。

マイヤーは「オペラ愛の強い歌劇場総裁」という芸術面での評価が知られるところだが、

ファーストキャリアは経済学者である。パリ・ドフィーヌ大学で職歴をスタートさせた彼は、1979年から1980年まで科学研究所の経済学研究員として、1980年からは新ソルボンヌ大学やリュミエール・リヨン第2大学などで働いた。その間1980年から1984年の期間にはジャック・ドロール大臣のもとでフランス経済・財政省の委員を務め、エレクトロニクスとコンピューター産業の部門を監督している。特筆すべきは、この在任中に世界で2番目（フランスでは初）のCD工場の設置を監督したことである。

経済学者マイヤーはもともと音楽愛を持っており、音楽ビジネスシーンに関わることになって以降は音楽界に根を下ろした。フランスの芸術団体の要職——パリ・オペラ座の顧問、総監督、ローザンヌ・オペラ座総監督、ローザンヌ室内管弦楽団の理事などを歴任している。そして経済学的な知見を芸術界に持ち込んだ手腕が評価され、ウィーン国立歌劇場総裁というポストを得たのだ。しかもそのファーストオファーはウィーン・フィルからだったというのだから、その手腕に対する期待の大きさと彼の芸術への理解度、演奏家との信頼関係がいかに強固だったかが垣間見える。

そのウィーン国立歌劇場のマイヤー総裁期の興行成績を見てみよう。

2012年のオーストリア政府からの通達により、運営経費を削減せざるを得ない時期に、マイヤーにはこれまでにない経営手腕が求められていた。しかし彼はそれによく応えて策を講じている。

2016―17年シーズンの歌劇場の座席占有率は98・83％で、ほぼ全公演、全席が完売という実績だ。加えて同年の興行収入も3520万5803ユーロ（約56億3293万円）と、前シーズンより50万ユーロ（約8000万円）も増加する記録的な数字を達成した。ちなみに、日本の新国立歌劇場の2019年度の公演事業収益はその半分以下の22億円ほどである。

マイヤーはウィーン国立歌劇場で、R・シュトラウスの作品など伝統的なウィーンの代表作を多数新制作し、演出に関しても伝統的な作品を期待する目の肥えたファンに応え、気を衒（てら）わずオーソドックスに演劇を重視することに定評のあるスヴェン＝エリック・ベヒトルフを起用した。さらに一度はオペラ指揮を離れようとしていたマレク・ヤノフスキを呼び戻すなど、作品の質にこだわりを持つと同時に、入念なマーケットリサーチのもとに公演をラインナップした。敏腕ビジネスパーソンとして、奏者の待遇や制作費用を大胆に改革する一方で、制作面では芸術的価値を慎重に吟味することを疎（おろそ）かにせずに、歌劇場のブランドの向上を図ったのである。これにより、マイヤーの手腕は世界のオペラ界でさらに認知された。

コロナ後、平常の状態へと回帰した２０２２―23年シーズンは座席占有率が97・８％まで回復。さらに２０２３―24シーズンの観客動員数はパンデミック前の好調な時期をも上回り、座席占有率は99・16％となっている。この数字からも、現在のオーストリアにおける音楽芸術がどれほど文化的に浸透しているかがうかがえるだろう。

マイヤーは２０１０年から10年間ウィーン国立歌劇場総裁を務めたのち、２０２０年よりアレクサンダー・ペレイラの後任としてスカラ座芸術監督に就任し、本来の定年時期を超えて２０２６年２月まで契約が延長されることが決まっている。マイヤーひとりを見ても、クラシック音楽、オペラの本場であるオーストリアでは、ビジネスの知見を持ったうえで芸術を理解する人物を重用していることがわかる。

世界トップクラスの劇場数の理由――ドイツ

そんなオーストリアの隣国、ドイツはどうだろうか。

クラシック音楽の作曲家の「三大Ｂ」（バッハ、ベートーヴェン、ブラームス）を生んだドイツでは、オーストリアと同様、芸術への政府の支援には非常に長い歴史がある。

17世紀のバロック音楽の時代、ヴァイオリンなどの楽器が改良されて旋律を飾る伴奏の技法が多様化し、演奏活動が盛んになった。また各国の王が宮殿に劇場や礼拝堂を作ったことで、歌劇や宗教音楽の発展が見られたのもこの頃である。18世紀には宮廷や地方貴族が芸術の庇護と発展の場を提供し、また経済力を持って市民層が出現して文化の下支えをするようになっていった。この時代のドイツには、すでに劇場・音楽堂など300を超える施設があったという（そのうちバイエルン国立歌劇場、ベルリン・ドイツ・オペラ、ドレスデン州立歌劇場のゼンパー・オーパーなどは現在も残っている）。とはいえ当時はオーストリアがハプスブルク家の栄光を誇った時代で、音楽芸術面でもウィーンが中心的な都市であった。ドイツで生まれたベートーヴェンらもウィーンで活動している。

その後ウィーン体制が崩壊し、新しい政治と文化の時代が訪れた頃からドイツ音楽界の躍進が始まる。1813年にはヴィルヘルム・リヒャルト・ワーグナーが誕生し、「楽劇」を創始した。ワーグナーはベルリン宮廷歌劇場音楽監督やザクセン王国宮廷楽団であるシュターツカペレ・ドレスデン（ザクセン国立歌劇場管弦楽団）の指揮者を歴任したのち、バイエルン国王ルートヴィヒ2世の資金援助によって自作品を演奏するための劇場、バイロイト祝祭劇場を建設した。1876年に完成したこの劇場の建設費用は42万8384マルクであった（現在の通貨価値に換算すると、ルートヴィヒ2世がワーグナーに提供した資金は13億6000万円ほどにのぼる）。

20世紀の2つの大戦を挟んだ戦後の1964年には、西ドイツ政府は135の歌劇場と音楽堂などに対して、当時のレートで1億125万ドルの資金援助を行っている（当時のドル円レートで364億円を超える巨額の支援である）。しかも、このうち55劇場は公立施設ではなく民間運営のものもあった。金額は当時の人口ひとり当たりに換算すると約2ドル程度ではあるが、第二次世界大戦で崩壊した都市機能や国民生活の立て直しで負担の大きかった時期に文化芸術に税収を拠出していたことは、オーストリアと同様、特筆すべき事項である。

ドイツでは現在も劇場の数が世界トップクラスで、州立、市立の劇場は140にものぼる。私設劇場も200以上あり、このうち80箇所を超える歌劇場で、専属オーケストラや歌手などの出演者と音楽監督、舞台監督、美術といった舞台制作の常勤スタッフが雇用されている。

少し話が脱線してしまうが、劇場の収容人数から見ると、ドイツの劇場はそれほど大型なものばかりではない。1500席を超える劇場は3箇所のみである。常設オーケストラを持たない劇場で、クラシックの公演以外での使用も多いバーデン・バーデン祝祭劇場（2500席）が最大規模の劇場である。客席数のみで比較すると日本のコンサートホールが優位であるように思えるが、ドイツの劇場はオーケストラ・ピットの広さに利がある。ドイツ・ハイデルベルク交響楽団などで演奏活動を行うヴィオラ奏者の矢崎裕一（やざきゆういち）によれば、ミュンヘン国民劇場（バイエルン州立歌劇場の建物の名称）のオーケストラ・ピットは通常で最大111人のオーケストラ奏者が演奏でき、ドイツで最大規模のオーケストラ・ピットであるという。このオーケストラ・ピットはバイロイト祝祭劇場と同様にワーグナーの楽劇「ニーベルングの指環」をスコアの指定通りの編成（108名の奏者とバンダ）で演奏可能な大きさだという。

他にも、ゼンパー・オーパーは約1300席という劇場サイズに比べてオーケストラ・ピットが大きいのが特徴だ。これはR・シュトラウスの曲を演奏する際、100人を超える編成のオーケストラがスコア通りに演奏できるよう拡張したためだ。作品をオリジナルのままで上演するために設備を整えるという姿勢はワーグナー以降も受け継がれており、ドイツの音楽芸術に対する真摯さが垣間見えるエピソードである。

常設のオーケストラの奏者数の多さ

ドイツのオーケストラ運営に目を向けると、さらにその特徴が見てとれる。

ドイツ国内には129の常設オーケストラが存在する（2022年1月時点）。2023年のドイツの人口は約8482万人と日本の3分の2程度だが、常設オーケストラの数は100近くも多いのだ。その内訳は、放送局が運営するオーケストラが11団体（バイエルン放送交響楽団、NDRエルプフィルハーモニー管弦楽団など）、室内オーケストラが8団体（シュトゥットガルト室内管弦楽団、ミュンヘン室内管弦楽団など）、シンフォニー・オーケストラが29団体（ベルリン・フィル、ミュンヘン・フィル、バンベルク交響楽団など）、そして劇場付きのオーケストラが81団体である（バイエルン州立歌劇場管弦楽団、シュターツカペレ・ベルリン〔ベルリン州立歌劇場〕、シュターツカペレ・ドレスデンなど）。この中にはマーラー室内管弦楽団やハイデルベルク交響楽団などの自主運営団体や、常設の奏者を持たない音楽祭のオーケストラなどは含まれていない。いかにドイツがオーケストラ大国であるかがおわかりいただけるだろう。

常設オーケストラの奏者数が非常に多いのもドイツの特徴だ。放送オーケストラ11団体の奏者席数は1095、室内オーケストラ8団体は141、それ以外の110の公立常設オーケストラで8513、これらを合わせて9749と、非常に多くの奏者席がある（2022年1月時点）。ちなみにオーケストラを席数で表記するのはドイツの労働慣習の特色だ。労働に従事する側がどの程度働くかを決定できるからである。例えば1楽器ひとりの奏者が必要な場合に、それを複数人で分け合うことは珍しいことではない。奏者に求められる勤務（または労働）時間を全てひとりで賄えない場合、つまり日本でいえばパートタイム的に働きたい奏者がいる場合には、残りの時間を他の奏者が働くなど、複数人で1席をカバーすることができる仕組みである。

このことから、実際に働いている奏者の数は席数より多いと考えられる。ただし先述の矢崎によれば、この席数はあくまでも雇用計画であり、実際にその席が埋まっているわけではないという。

民間、地方政府が音楽芸術を牽引する

それでは、ドイツは現下の国内の経済状況をどのように乗り切っているのだろうか。

2016年9月、SWR（南西ドイツ放送）が運営する2つのオーケストラ、シュトゥットガルト放送交響楽団と南西ドイツ放送交響楽団が合併した。個性の異なる2つの楽団が

存続のために統合せざるを得なかった事実は、ドイツの音楽の危機を象徴的に表している。

先に129というドイツの常設オーケストラ数の多さに触れたが、実は1992年の時点では168の公立の常設団体が存在していた。実はドイツで常設オーケストラは年々減少傾向にあるのである。この背景には東西ドイツ統一後に旧東ドイツ地域での楽団の合併や解散があったのが数字に表れたということもあるが、国内経済の停滞や楽団運営上の経費増大の煽りを受け、存続が難しくなったケースも多い。

2022年、当時のARD（ドイツ公共放送連盟）会長トム・ブーロウは、ARDに加入する放送局が運営する12のオーケストラについて、財政難を理由に組織やサービス再編にまで踏み込んだ抜本的な改革を行う必要があると語った。しかし、さすがにこれにはオーケストラ業界団体の労働組合unisonoが猛反発し、「公共放送にはなぜオーケストラが必要か?」と題する声明を発表している。

この背景には、1990年代から複数のオーケストラが統合され、すでに26%のポストが削減されていたことに加え、楽団の支出は公共放送の支出全体のわずか2・2%に過ぎず、経費削減を迫るのはおかしいのではないかという反発がある。さらにunisonoは、公共放送の目的に準じて、文化・教育的義務の重要な中核をなすのが楽団であり、これにはなんら議論の余地さえないとして、オーケストラには各地域全ての人々に音楽を届ける存在意義があると主張している。

一方、州立歌劇場付きの楽団や市立オーケストラは、自治体の財務状況が楽団運営を直接左右し、自治体の収入減によって突然解散になることもある。一例を挙げると、2004年にベルリン交響楽団はベルリン州がオーケストラへの資金提供の停止を発表したことで、市民からの強い抗議や国内外から存続のための提言があったものの、翌年再編成が行われ、現在は州から独立した民間団体として運営がなされている。

ドイツの芸術分野に対する支援や助成を考える際、国レベルの施策について論じることが難しいのは、ドイツが連邦共和国制であるという点が大きい。文化政策や助成はドイツ政府が一手に引き受けているわけではなく、各州の自治によってそれぞれに行われているのだ。

とはいえ、政府が芸術を支援していないわけでは決してない。ドイツの文化支出予算の推移を見ると、2010年から2020年までの10年間は1150万ユーロから1820万ユーロへと、なだらかな増加傾向にある。

ここで国からの直接助成の割合を見てみよう。2020年の連邦政府の文化関係支出額は14億3687万ユーロ（約2299億円）で、政府予算額の0・36％、人口ひとり当たり17・15ユーロ（2744円）であった。政府からの助成が手厚いイギリス（デジタル・文化・メディア・スポーツ庁）の11億9187万ユーロ（約1907億円、同0・15％）、ひとり当たり17・56ユーロ（2810円）と比べても遜色はない。日本の文化庁と比較すると、1166億円（同0・11％）、ひとり当たり922円であるから、ドイツ政府が文化支援に十分な予算をつけていることがわかる（もちろんこの金額は音楽関連の全てのジャンル、そして他分野の芸術への助成も含まれるので、一概にクラシック音楽への支援が十分であるとは言えないのだが）。

中央政府と地方政府を比べてみると、ドイツ政府の文化関係支出額14億3687万ユーロに対し、地方政府の総額はなんと71億4000万ユーロ（約1兆1424億円）にのぼる。これまで見てきたように、アメリカやイギリスのクラシック音楽業界が文化支援においてどう〝国と〟関わっているかを論じることができる一方で、ドイツでは国主導ではなく、放送協会や演奏家のユニオンなどの民間レベルと各州地方政府で国内全体のクラシック音楽業界を牽引しているのである。

一方で、ドイツにもアメリカのように音楽愛好家による個人レベルの支援も数多く存在する。特に富裕層ではクラシック音楽への寄付を積極的に行っている。最近発表された例を挙げると、ハンブルクに新しいオペラハウスを建設する費用として、国内の有力富裕者であるクラウス＝ミヒャエル・キューネ氏が3億ユーロ（約480億円）の寄付を行うというニュースが話題をさらった。これについても、寄付を受ける側は単に建設費用だけを受け取るわけでなく、それをどのような形で運営して持続可能な文化施設にするのか、地元自治体などと検討しているという。文化振興は資金さえあればよいというわけではないのだ。

国、地方自治体、放送局、個人という、ドイツに特徴的な分散型の音楽への支援は、一見バランスがよく、団体の特色に合った支援を受けられる利点がある。しかし一方で、その支援がそれぞれに独立していて特色があるがゆえに、地方経済や地方行政の影響を直接受けやすいというデメリットもある。文化政策の手厚いドイツでさえ、昨今の世界情勢の変化に伴う経済状況の悪化が音楽団体の運営を直撃しているのだから。

王侯貴族による独占の時代から――フランス

クラシック音楽の本場ドイツやオーストリアがその保護と支援に予算を大きく準備していることは想像がつくが、実は政府予算に占める文化支出額の比率（人口ひとり当たりの金額）が最も大きいのはフランスである。

先の調査によればフランス（文化省）の政府予算3151億4375万ユーロに対する政府の文化支出額は28億8750万ユーロで比率0・92％、人口ひとり当たり44・24ユーロ（7079円）にのぼる。過去10年の推移では減少傾向ではあるが、他国に比べて依然として優位な数字だ。この事実のみを見ても、フランスが芸術の国だと容易に理解できるだろう。

フランスでは17世紀後半、ルイ14世の治世に強固な中央集権国家となり、軍事力の増強と並行してフランス語を母語とする文化を各地方に根付かせることが目指された。この時以来、フランスでは国家の存在の中で文化が重要な要素と位置付けられ、同時に中央集権的な文化政策の伝統が生まれた。

その頃のフランスでは、ドイツやオーストリアと流れを同じくして宮廷音楽が隆盛していた。隣国イタリアなど欧州各国からの音楽家の流入の影響も大きく、人と文化の行き交う活発な芸術活動がなされていたのだ。何よりルイ14世自身が、バレエ文化の発展に大きく貢献し、王立舞踊アカデミー（のちのパリ・オペラ座バレエ団）を創設している。

さらに興味深いことに、18世紀のパリにおいて、オペラ座をはじめとする大規模公演の運営に関わるのは国家官僚か貴族に限られており、中産階級、つまり新興市民層に対して文化芸術が開かれることはなかった。公開演奏会の開催については国家が市民に許可を与える立場をとっていた。これはオーストリアやドイツとは異なる特徴である。

これでは音楽興行は発展できない。この時期のパリは、国家祭典を除いてコンサートの開催がなかったという。貴族らが自邸でプライベートな演奏会を行うのに音楽家を招くことはあっても、一般市民の後援するコンサートやディレッタントらによる大規模演奏会などは開かれていなかったのだ。逆に言えば、ウィーンやロンドンでは王侯貴族が芸術を独占しなかったからこそ、市民に開かれた自由な演奏活動が生まれたとも言える。

自発的な芸術活動の夜明け

他方で、この状況下のパリの貴族の間で上級サロン文化が生まれたことに注目したい。経済的に豊かなこの文化に惹かれ、1824年にはイタリアからロッシーニが、1832年にはポーランドのワルシャワからショパンがパリの地を踏んだ。ロッシーニはパリでイタリアオペラを上演してヒットさせ、37歳の若さでフランス政府から終身年金を獲得するまでとなっている。また著作権意識が早くから目覚めていたフランスで、ロッシーニをはじめとする音楽家たちはその恩恵に与り、経済的に大成していた。

さらにフランス革命によって王政が幕を閉じたことから、中産階級の社会生活の意識は変化していった。小規模演奏会の増大や、カフェに集うなど新しいレクリエーションとしての文化活動がパリに出現し、王侯貴族が独占していた芸術が徐々に市民に開かれるようになっていったのである。この中で台頭した音楽家が、パリ生まれのカミーユ・サン＝サーンスやジョルジュ・ビゼーなどである。

その後、19世紀後半から20世紀初頭にかけてはフランス楽壇が賑わいを見せた。特に１８７１年にサン＝サーンスが設立した国民音楽協会は、ビゼーやガブリエル・フォーレ、後にドビュッシーやモーリス・ラヴェルなども名を連ねる、フランス人作曲家だけが入会資格を持つ団体として名を馳せた（当時はフランスのナショナリズムが高揚した時期にあたる）。特に若手の音楽家、作曲家は、この協会が設立されたことで作品を発表する場を与えられ、活動の場が広がった。音楽家自身が単独で演奏会を行うには、資金面でのハードルが高い。国民音楽協会はこうした資金面での心配なくコンサートで自作品を上演できる仕組みを整えたことによって、フランスの新しい音楽を発展させることに一役も二役も買ったのである。さらに１９０９年には、エリック・サティが独立音楽協会という楽壇を立ち上げ、上級サロン文化と一線を画す自発的な音楽・芸術活動が生まれている。

こうした組織が誕生したことによって、フランスでは個人演奏家、作曲家らが自主興行を行ったり、自作品の演奏機会を作り出したりする負担が軽減された。楽壇を通して興行が整えられることによって、金銭的な負担や興行に伴う経費の削減につながったのである。これが公演を行うハードルを下げ、音楽活動が活発になっていった。社会学の言葉を使うならば「職業的専門化（プロフェッショナリゼーション）」によって、パリを中心としたフランスの音楽文化が特徴づけられたといえよう。

こうしてようやく、市民に開かれた文化が発展していくのである。

アンテルミタン制度

フランスの音楽文化を考える時、国家の中での文化の位置付けの歴史や中央集権的な文化政策の伝統とともに、根底に流れる革命意識を考慮しなければならない。

フランスの文化政策の大きな転機となったのは、１９５９年の文化省の設立である。これの設立によって、文化政策は従来の目的である教育・啓蒙的なものから、国民全体が文化芸術に接する機会を創出するものへと大きく方向転換した。

その一例として、各地に「文化会館（Maison de la Culture）」を設置するという取り組みがある。同時に「国家予算の1％を文化政策へ」という目標が掲げられた。この目標は1990年代に達成されている。

そしてフランスの最大の特色として、「アンテルミタン制度」（有償契約のない日の日額失業補償の制度）について触れておかなければならない。

アンテルミタンとは「断続的」という意味で、仕事の形態が常勤ではないことを示す。アンテルミタン制度はもともと新興産業であった映画産業の技術者のために1936年に作られたもので、その後1969年に映像分野だけでなく舞台芸術のアーティストや技術者にも適用されるようになった。その内容はというと、労働者が年間507時間以上業務に従事すれば、最大12ヶ月間仕事がなくても失業保険として平均日給の31・3％を受け取れるというものだ。つまり有償契約がない日は日当の給付対象となり、有償契約を伴わない舞台芸術活動である企画の構想や練習、稽古などに専念できるのである。この制度では、芸術家・実演家やその分野に関わる者がその働き方から「労働者」として扱われ、芸術家・著作者は特別法で社会保障に関してのみ労働者扱いされる。現在この制度を享受する労働者は約11万人にのぼり、文化の発展を下支えしている。

この制度はコロナ禍においても有効に機能した。失業保険の保証期間を延長するだけでなく、大規模な音楽祭やコンサートが開催できない代わりに、国が学校と協働して子どもたちを集めた文化芸術の学びのプログラムを立ち上げたり、芸術分野でフリーランスに仕事を与えたりする方針が決定されたのだ。

欧州各国が相次いでロックダウンを始めた直後、2020年の3月18日の時点でフランス文化省は第一弾の緊急支援策として2200万ユーロ（約35億円）の拠出を決定している。音楽分野には不安定な立場のプロフェッショナルに向けられた支援基金（当初予算1000万ユーロ＝約16億円）を創設するなど、早い段階で文化的支援の国策を発表した。フランスが芸術大国と言われる所以（ゆえん）が、パンデミック期の素早い対応から改めて明らかになったと言える。

国家として芸術を守るということ

最後にフランスのオーケストラについても目を向けたい。

フランスでは2025年現在、29のオーケストラ団体がある。そのうち、パリ管弦楽団（1967年設立）、フランス国立管弦楽団（1934年設立）など6つが首都パリに、その他が地方に分散している。

先に述べたように、フランスは歴史的に文化芸術を中央集権化していたため、オーケストラの財政支援について中央政府（文化省）の果たす役割が非常に大きかった。また教育面でも文化省がオペラ座やコンセルバトワール（音楽や舞踊、演劇、工芸技術などの文化的価値を保持し教育する文化保全機関）などを直接所轄し、そこに付属するパリ・オペラ座管弦楽団やバレエ団などの教育機関や団体に援助を行ってきた。1982年の地方分権法の施行後は、国からの助成金で賄われるオペラ座を除き、中央政府から州県市町村の地方行政にその役割が振り分けられ、国と地方でほぼ均等に支援額が割り振られている。

オーケストラ団体の国や地方自治体からの助成金に頼る割合は、どの団体も総予算のおよそ80％前後を占めるという、助成金頼みの運営であることは間違いない。このためオーケストラの多くは市立で運営も公務員が行うが、運営資金を国州県市など様々なレイヤーから調達しなければならない煩雑さを伴う。また、アソシアシオン（日本の社団法人に近い組織形態）で運営されるオーケストラについては、公的資金の助成はあるものの、その運営は民間に任されている。フランス国立管弦楽団とラジオ・フランス・フィル（フランス放送フィルハーモニー管弦楽団）の2つのオーケストラについては、国営ラジオ放送局がスポンサーの民間団体である。

いずれにせよ、「芸術を国のものとして守る」というフランスの歴史が生んだ意識のもとで助成金は機能しており、これが安定した芸術活動の根源であると言える。コロナ禍における芸術家への支援や助成企画など、国を挙げて積極的な支援を行ったフランスの文化事情は、こうした歴史と中央集権型の方針の賜物であったと言えよう。

本場欧州のオーストリア、ドイツ、フランスだけを見ても、それぞれの国の事情、歴史、また芸術に対する市民レベルの文化土壌に至るまで、固有で独特の事情がある。しかし、それぞれに違った方向性や手段が取られてはいるが、クラシック音楽文化を守るために、ビジネスの観点だけで市場を作るのではなく、むしろクラシック音楽を国の文化として認識し、音楽団体や音楽家をどう支えていくかを考え、文化継承のあり方を模索し続けているのだ。そうした地道な積み重ねが、クラシック音楽文化の振興につながっているのではないだろうか。

第7章　ビジネスと芸術は交わるか

これまで、日本におけるクラシック音楽が発展してきた歴史と、その源流であるアメリカや欧州のクラシック音楽の歴史と音楽ビジネスの現状を論じてきた。

それを踏まえてここからは、日本のクラシック音楽、オーケストラの未来を短期的、長期的なスパンで問うていきたいが、音楽ビジネスとマーケティングについてより広い視野で考察するうえでは、近年世界のクラシック音楽、音楽ビジネス界で大きな存在感を示すアジア、とりわけ中国と韓国についても目を向けなければならないだろう。世界の中でプレゼンスを高める中国、韓国がどのように躍進しているか、翻って同じアジアの日本はどうか、この章では考えていきたい。

「公共資源」としての音楽芸術──中国

まずは中国でのクラシック音楽の歴史を見てみよう。

中国に西洋音楽が伝来したのは古く、唐の時代(618年~907年)にはすでにキリスト教の聖歌という形で伝わった。しかしその時代の受容は限定的なものであったようだ。本格的な受容が始まったのは、1842年の第一次アヘン戦争後の外交交渉以後だとされている。この時期に上海などの開港地を中心に、キリスト教宣教師らの奏でる讃美歌や欧米の艦船に乗船する軍楽隊の奏でる行進曲などが輸入された。この辺りは幕末に開国し異文化が一気に流入した日本と似ている。

興味深い一説として、中国が西洋音楽教育を整備したきっかけのひとつが、日清戦争の敗北にあったというものがある。自国が日清戦争に敗北した理由のひとつに、日本が先に近代化を進めていたことがあると考えた中国の知識人たちは、日本に留学生を送り込んだ。そこで当時の日本で唱歌指導と西洋音楽教育が盛んになっていたことを知ったのである。中国ではこの時、日本の唱歌に中国語の歌詞をつけて新しい歌を作り、それを西洋式の教育の場「学堂」にて教材にしたという。

さらに1912年に中華民国が成立すると、欧州やアメリカへ盛んに留学生を送った。政治経済などの社会科学の学問を学ばせるのが主ではあったが、文化芸術についても明治期の日本と同じように、その新しい刺激を持ち帰っている。そうしてクラシック音楽が国内に伝えられた結果、1922年北京大学内に音楽伝習所が設立された。同施設では西洋楽器が持ち込まれて実演習が行われ、西洋音楽理論の講義もあったという。小さな編成で演奏会なども開かれていた。1927年には上海に国立音楽院も設立されている(1956年に上海音楽学院と改称)。

中国人および中国の組織によるオーケストラ活動が広がるのは1930年代以降のことだ。1941年に、中国人演奏家によって構成された大規模なオーケストラである中華交響楽団が重慶(チョンチン)で設立された。戦後、中華人民共和国が成立し、中国共産党による一党独裁体制となって以後は、主に文化部と国家文物局がクラシック音楽をはじめとする文化行政を担当している。文化部では文化芸術の発展のための基本方針と政策立案、施行を行っている。中国の文化は「公共資源」ととらえられているのだ。これは国の成り立ちや政治的側面から当然であるとも言えるが、こうした考え方は指針として示されている「古為今用、洋為中用、推陳出新（古いものを現代のために利用し、外国のものも中国のために利用し、古いものから新機軸を見出す）」という言葉からもうかがえる。

そんな中国と日本の違いはどこにあるのか。留学を通してクラシック音楽の文化が伝わり、受け入れられてきたという点では、日本も中国も多少の時期の差こそあれ、大きな違いはない。しかし、中国では国土の一部が欧米列強の植民地であったことから、19世紀後半よりすぐ近くに欧米文化が存在し、本場の音楽芸術を国内で経験できたという決定的な差がそこにある。

すでに20世紀はじめには、香港を中心にして中国各地で、欧米からやってきた多数の人々が生活を営んでいた。こうした欧米人向けに演劇や音楽界などの興行が行われ、実際に本場の演奏家の実演が行われていた。日本人は欧米に行かなければそれらを享受できなかったのに対し、中国ではそれらを毎日のように生活圏内で体感できたのである。

さらに付け加えると、1917年のロシア革命や二度の世界大戦の煽りを受けて、中国にはロシアや欧州から大量の亡命者や避難民が入国した。すでに上海には西洋音楽文化が根付いていたため、ここを目指して逃れてくる音楽家も現れた。こうして集まってきた音楽家たちがオーケストラや室内楽コンサートを行い、さらに1939−40年のシーズンにはロシアのバレエ団バレエ・リュスの新作「ノートルダム・ド・パリ」の公演まで行われている。日中戦争の戦時下とは思えない充実した文化である。

その後戦時色が濃くなって経済状況が悪化し、ユダヤ移民の隔離政策も始まって、国内の芸術文化活動は閉鎖的にならざるを得ない時期が訪れた。そして戦後、国の形が変わったことが、上海で発達した楽壇が実質的に幕を閉じた主因となった。しかしながら、こうした20世紀前半の中国の人々の経験が、今現在も影響を与えているとは言えないだろうか。

圧倒的なマーケット規模

さて、そうして発展してきた中国の音楽ビジネス市場の動向を数字から見てみたい。

まず市場規模を見てみよう。中国演出行業協会による『2021全国演出市場年度報告』(2022年4月27日付)によれば、2021年の中国の興行市場全体の経済規模は335・85億元(約7000億円／以下、1元＝21円として換算)。同年の日本の59億円に対し、圧倒的な巨大マーケットである。しかしこの数字はコロナ前の2019年からマイナス41％である。内訳はチケット売り上げが140・28億元(約2946億円)、関連グッズ販売とスポンサー収入22・06億元(約463・3億円、2020年比213・80％増、2019年比マイナス40・94％)。政府助成金は88・57億元(約1859億円)、2019年比ではマイナス39・16％となっており、いずれも2021年段階ではコロナ禍前の数字までは回復していないことがわかる。

オーケストラを含むチケットの平均額はどうだろうか。最も物価が高い北方(北京近郊)は854元(1万7937円)で、比較的安価な児童向け劇のチケット512元(1万754円)の1・7倍弱である。やはり中国でもクラシック音楽の興行は価格が高くなる傾向がある。この音楽会の内訳にはクラシック音楽のオーケストラ楽曲だけでなく、久石譲による宮崎駿アニメ映画の楽曲コンサートや『パイレーツ・オブ・カリビアン』など米国のヒット映画楽曲のオーケストラ編曲など、多彩な演目が含まれていることにも注目したい。

次にこうしたクラシック音楽、オーケストラ演奏を支える楽器の市場を見てみよう。2019年中国楽器協会調査では、その市場規模は470億元（約9872億円）と推計されており、これは世界の楽器市場のなんと32％を占める（対する日本の楽器市場は754億円〔2022年〕である）。楽器市場の規模の大きさには、クラシック音楽に使用するアコースティックな楽器だけでなく、近年需要が増加する電子楽器や自動演奏楽器なども影響してはいるが、いずれにしても規模は日本と比べ物にならず、中国市場の優位性が見てとれる。

なぜ中国は音楽市場に力を入れるのか

巨大なマーケットを形成する中国であるが、こうした中で近年注目すべき出来事があった。アメリカのジュリアード音楽院が、2020年9月、創立以来初の分校「天津茱莉亜学院（天津ジュリアード音楽院）」を中国の天津（テンチン）に開設したのである。

1905年に設立されたジュリアード音楽院は、学部課程（音楽・舞踊・演劇）と修士課程（音楽）を持つ大学組織である。現在は隣接するリンカーン・センターの専門教育部門も担う。オーストリアのウィーン国立音楽大学、フランスのコンセルバトワール（パリ国立高等音楽院）、英王立音楽大学などと並ぶパフォーミングアーツの世界的な超難関校だ。チェリスト、ヨーヨー・マや作曲家のジョン・ウィリアムズ、ジャズ界ではマイルス・デイビスら一流の音楽家のほか、日本人ではピアニストの中村紘子、ヴァイオリニストの五嶋みどり、ベルリン・フィルのコンサートマスターである樫本大進の出身校である。それほどの名門校の初の分校が中国に設立されたのだ。

　これまで中国に欧米の大学の経営学修士（ＭＢＡ）コースが設けられた例はあったものの、キャンパス自体が設置されたのは初めてのケースでもある。ニューヨークで行われた設立発表のセレモニーには、習近平国家主席の夫人で歌手の彭麗媛が出席した。彼女はもともとソプラノ歌手で、オペラ「木蘭詩篇」では主役を演じた経験を持ち、ジュリアード音楽院の誘致だけでなく、クラシックを中心とする音楽文化に強い影響を及ぼす人物である。中国政府の音楽教育への積極的な出資は、音楽的素養がビジネスや政治にとって助力になると考えているからだと言われる。

　アジアのシリコンバレーと呼ばれる深圳にも目を向けてみたい。人口１７７９万人、２０２４年の市のＧＤＰは約３・７兆元（約77・７兆円）で、40年間の平均成長率は22・４

%と、人類史上最速で発展を遂げている都市だ。ここに2007年、1680席の大ホール、400～580席の小ホールからなる深圳音楽庁（深圳コンサートホール）が建設された。この場所でウィーン・フィルをはじめとする世界有数のオーケストラが公演を行っている。深圳ではさらに子ども向けの音楽教育プログラムも盛んで、深圳交響楽団や音楽庁が親子向けオペラ公演を主催し、必ず満席になるというのだから驚きだ。こうした莫大なコストが伴う大規模な催しができるのは、国が管轄して音楽と教育を連携させているからだと言える。

オンラインでの音楽ビジネスでも中国の強さは圧倒的だ。QQ音楽などのデジタルプラットフォームを持つテンセント・ミュージック・エンターテイメント（騰訊音楽娯楽集団）の2021年度全売上高は312・4億元（6561億円）で前年比7・2%増、2022年第2四半期のオンライン音楽サービスのMAU（月当たりのモバイルアクティブユーザー）は5・93億人に達している。この数字にはクラシック音楽だけでなくポップミュージックや欧米のヒットチャートに登場するようなアーティストの楽曲も含まれるが、これだけの市場を持つ中国は当然、近年他国のオーケストラやクラシック音楽家が関心を寄せており、Wu Promotion（呉氏策划）など有力プロモーター会社が国内のみならず欧州などに各国に支社を作り、海外公演の招致や営業活動を行うなどして世界に展開し、中国のクラシック音楽文化を作り上げている。

文化史から見れば、古代中国で音楽は「六芸（りくげい）」のひとつとされていた。六芸とは士分以上の人に必要とされた教養のことで、礼（道徳教育）、楽（音楽）、射（弓術）、御（馬車を操る技術）、書（文学）、数（算数）の六種を指す。

「楽」はもちろん西洋古典音楽ではなく中国伝統の音楽を指すが、時代が変わる中でその中身も多様化している。中国ではもともと知識人に必須の教養として音楽が位置付けられており、それが現代にも続いていると言える。

中国の音楽の歴史は欧州のものとも、もちろん日本のそれとも異なっている。政治的、またビジネス的利点から音楽教育に力を入れ、国財を投入していると言われがちな中国クラシック音楽界ではあるが、教養として音楽を大事にしてきた歴史の上に西洋音楽を付加要素として加えて今に至っているのだ。そして歴史の妙ではあったが、清朝末期から中華民国設立時期に受け入れざるを得なかった異文化を当時の社会が柔軟に受け入れ、それを自国の文化と融合、共存させて発展させたうえで、現代市場でビジネスにつなげている。中国のこうしたある種の器の大きさが、ビジネスの面でも文化の面でも音楽を発展させる一助となっているのである。

国による積極的な後押し——韓国

次に韓国に目を向けてみたい。

今やK-POPや韓流ドラマ、映画など、エンターテインメント界ではもはやその動向を無視することができない韓国。クラシック音楽界においても、韓国は今、世界で大きく注目されるアーティストを多数輩出している。その背景には、エンタメ市場への大きな期待に裏打ちされた、政府による積極的な後押しがある。

数字を見てみると、2020年の政府の文化事業関連の支出額は3兆6650億ウォン（3881億円／1ウォン＝0・11と換算）で、政府予算全体の実に1・24％を占めている。この割合は10年前（0・79％）から大きく上昇している。同割合は例えば芸術大国フランスの0・92％や日本の0・11％に比べると、国策としての文化振興の推進具合がわかる。

演奏家に目を移せば、チョ・ソンジンがその代表的なひとりだろう。1994年ソウル生まれで、第17回ショパン国際ピアノコンクールで優勝し、世界一流のオーケストラと共演するピアニストである。2022年にロシアのウクライナ侵攻によってアメリカへ入国できなかったロシア人ピアニスト、デニス・マツーエフの代役として急遽ウィーン・フィルのカーネギーコンサートで演奏したことでも知られる。

韓国人ピアニストとしてはもうひとり、イム・ユンチャンの名も外すわけにはいかない。2024年、Apple Musicクラシックのアプリケーションで最もその年に聴かれたアルバムはユンチャンの『Chopin: Études, Op. 10&25』で、世界的に権威のあるイギリスのグラモフォン・クラシカル・ミュージック・アワードも受賞している。ユンチャンは2022年ヴァン・クライバーン国際ピアノコンクールを史上最年少の18歳で優勝。2023年、「フォーブス」誌が選ぶアジアを代表する30歳未満の30人に選出されている。

そのほか、声楽家のキム・テハンは2023年6月に世界三大コンクールのひとつであるエリザベート王妃国際音楽コンクールで優勝、前年チェロ部門優勝のチェ・ハヨンに続き2大会連続で韓国人音楽家が同コンクールを制している。さらに2023年のチャイコフスキー国際コンクールでは、ヴァイオリニストのキム・ゲヒ、チェリストのイ・ヨンウン、テノール歌手ソン・ジフンが揃って優勝するなど、近年の韓国の躍進はめざましい。

徹底した教育への取り組み

発展を続ける韓国のクラシックだが、初めてプロのオーケストラが設立されたのは第二次世界大戦終戦直後の1945年と比較的新しい。初のプロオーケストラは、現在では世界でその実力が認められるソウル・フィルハーモニー管弦楽団である。1956年にはKBS交響楽団、1992年には江陵市交響楽団が設立している。日本の植民地時代に日本の音楽教師が渡韓していたことなどから、戦前日本の西洋音楽文化と交わる時期もあったと考えられる。

日本の統治時代から終戦後にかけて西洋音楽文化が流入した韓国では、一時はそのアイデンティティの確立を重んじる風潮からクラシック音楽より韓国の伝統音楽の教育を重視する流れもあった。しかし一方で西洋音楽を学ぶために留学する若者が現れたり、韓国のオーケストラの活動が活発になるにつれて、西洋音楽への理解も広がってきた。さらには、政治的にも文化的発展が有効と考え始めた韓国政府の思惑に基づき、海外オーケストラや演奏家の来韓公演が増加していく。

こうした歴史を経て韓国政府は、2018年から2022年までの5年間、オーケストラへの支援を強化する「オーケストラ振興5ヶ年計画」を掲げて実施した。この計画ではオーケストラへの資金援助、音楽教育プログラムへの支援、海外公演の支援などが行われている。

加えて、音楽教育そのものへも力を入れている。

国立シンフォニーオーケストラ（KNSO）は、国内外からクラシック音楽界の若手を教師役として選び、KNSO国際アカデミーの運営を始めた。ベルリン・フィルのアカデミーを参考に構想されたというこの育成プログラムは、プロ奏者からのマンツーマン指導だけでなく、メンタルヘルスなどの講座も揃う。さらに世界的音楽家のマスタークラスや、実際の公演への参加、模擬オーディション、身体・精神訓練に加えて、エントリーシートやSNS用の作文の添削まで、実務教育プログラムが徹底的に用意されている。国内の奏者だけでなく、他国の若手奏者の育成も含めているのは、クラシック音楽が韓国だけのものでなく、またマーケット自体がグローバルなものであるという考え方に基づくものだ。先に挙げたキム・テハンもこのアカデミー出身者である。

こうした政府支援の成果として、〝Kクラシック〟と呼ばれるブームが起こった。

さらに付け加えると、政府は〝韓国流英才教育システム〟とも言える独特な教育手法にも投資を行っている。韓国芸術総合学校（韓芸総）がその代表だ。これは1992年に政府の文化体育観光部（当時の文化部）によって設立された、韓国初の4年制の国立芸術大学である。また、文化体育観光部が韓芸総に委託して運営する韓国芸術英才教育院（英才教育院）も独自の教育システムを持つ。ここは中等教育とは別に週末を利用して才能のある生徒を集中的に指導する教育機関で、生徒はオーディションを通じて選抜される。２０２１年のＱＳ世界大学ランキングでは、パフォーミングアーツ部門で36位（韓国では1位）にランクインした。

韓国のクラシック音楽界が短期間で発展し、優れた音楽家を数多く生み出しながら大きな市場を獲得しているのは、国策としての音楽振興への継続した巨額の投資と、徹底的な教育の整備があったがゆえと言えるだろう。

クラシック音楽に魅せられたアジア諸国

このように、第二次世界大戦前後からめざましい発展を見せた中国も韓国も、文化の発展のために教育的視点で様々な施策を国政に組み込み、試みてきた。音楽教育がそのままビジネスに直結しているとも言える。特に韓国では、音楽教育機関をいわば「専門職養成機関」として存在させている。

もちろんその他のアジア各国でも、クラシック音楽は近年めざましい発展を見せている。欧米の植民地として西洋文化に接してきた歴史を持つフィリピンでは、マニラ交響楽団が最も古い楽団として1926年に創立しているし、王室の援助の手厚いタイのロイヤル・バンコク交響楽団(1982年設立)は、ウィーン・フィル楽団長ダニエル・フロシャウアーをゲストコンサートマスターに招いてともに演奏を行っている。現在は欧米への音楽留学も活発だ。

日本も含めたアジア諸国は、もともと自国の文化ではなかったクラシック音楽に魅せられ、その芸術を取り入れようとしてきた。それは教育的な意味でも、経済効果を高める意味でも、クラシック音楽になんらかの避けがたい魅力があったからだろう。

個人レベルで言えば、どれほど社会や政府が文化芸術を促進しても、それが魅力的なものでなければ長い時間をかけて発展するはずもない。クラシック音楽は西洋の文化と歴史に根差すもので、東洋人には理解し得ないところがあると言われることがある。しかしこうしたアジアの動向、アジア人のクラシック音楽への親しみを見るにつけ、芸術というものの垣根のなさと、芸術が持つ求心力は文化や歴史の差異にかかわらず存在していることを実感する。

事実、アメリカの２００８年度の統計報告によると、全米のオーケストラの団員のうち７％がアジア系だ。これは総人口における比較割合よりわずかに多い数字である。

地方のマーケットを掘り起こす

議論の材料が揃ってきた。ここまでの前提をもとに、日本のクラシックについて、短期的な視点から考えてみたい。

開国と文明開花の時代に西洋文化に本格的に接した日本は、中韓に比べて西洋音楽教育では先んじたが、ビジネス面の現状はこれまで述べてきた通り、オーケストラは運営に頭を悩ませており、およそ経済効果の高い分野とは言えないのが現状だ。西洋音楽ではあっても、それを文化資本の一部ととらえて国策に取り込める中国、経済効果を期待してクラシック音楽分野を支援する韓国、その二国と日本とでは全く状況が異なる。クラシック音楽分野に対して他分野以上の助成を求めることは厳しいと言わざるを得ない。

そうであればこそ、今後は一般消費者を少しでも増やす施策が求められる。

クラシック音楽を存続させるための経済的な解決策を考える時、これをアートマネジメント、つまり芸術分野をどのように経営していくべきかというビジネス戦略と、それを消費するマーケットに視点を移さねばならない。つまりは「アーツマーケティング」である。

ここで言うマーケティングとは、単なる広報宣伝や販促活動のことではない。芸術が市場の中で他の分野と競合せざるを得ない状況下で、どのようにして芸術の質を担保しつつ、経済的に機能させるかという方策を考えることである。言い換えれば、聴衆にその価値が認められ、かつ消費行動として選択され対価を支払う対象となるためのアプローチである。

クラシック音楽の場合、どう消費行動を促進するかという点では、まず何よりもコンサートへ足を運ぶ層を増やすことにある。CDやアナログ盤などの収益化は現在のデジタル配信時代には難しく、また他の音楽ジャンルとは違って大規模会場でのチケット収益増は難しいからだ。

ではいったい、どのようにクラシック音楽のコンサートに行く人を増やし、市場価値を高めていけばよいか。

ここでひとつの日本の文化的問題点と、その解決案を挙げたい。

それは「都市部と地方の間にある経験や情報の格差の解消と、その土地独自の文化活動の創出」である。

首都圏で享受できる芸術とそれに付随する情報の量は圧倒的だ。私的な体感ではあるが、コンサートの数や情報量の多さで言えば、地方都市は首都圏の1000分の1程度ではないかとさえ思うほど〝格差〟がある。

この格差を埋めることが、マーケットを掘り起こすひとつの策である。好例として、近年様々な地方で独自の音楽祭が企画運営されていることを挙げたい。代表的なものとしては、札幌コンサートホールKitaraをメイン会場とするPMF(国際教育音楽祭パシフィック・ミュージック・フェスティバル札幌)や、鹿児島県で開催されている霧島国際音楽祭、また一流の音楽家によるコンサートや慰問などを組み合わせた別府アルゲリッチ音楽祭、人気の国内演奏家の公演と地元高校生らのイヴェントを組み合わせた富士山河口湖音楽祭など、主に地方でそれぞれに特徴ある企画が提供されている。地方施設では招聘の難しい一流オーケストラやソリストも音楽祭に参加する場合が多く、地方都市に大きな効果をもたらしている。

音楽祭の運営は実行委員会組織や、行政に立案した、または行政から受託した企業や施設がそれにあたるが、資金については助成金に加えて、スポンサーなど企業メセナによるところが大きい。とはいえ、助成金と寄付金だけでは運営経費を賄えないため、チケット売り上げを増やして、文化振興の一環として自走できる体制が求められる。

また、こうした地方音楽祭の運営のもうひとつの特徴として、地域のアマチュア音楽家団体や音楽愛好家などのボランティア組織を機能させていることも挙げられる。こうした運営手法は日本だけでなく他国でも地域密着型の文化イヴェントに多くみられ、現代アートなど他分野の芸術祭でも一般化している。都市部に比べて施設数も公演数も少なく、公演の際には交通費などの経費がかさむなど、興行を打ちにくいと判断されがちな地方では、ボランティア組織を利用した音楽祭の開催が、芸術に接する機会と情報格差を埋める有効な手立てになり得る。また地域住民にとっては、ボランティアとして音楽祭運営に関わることで、文化的な経験値を上げることにつながるだろう。

加えて、地方に根差した音楽祭の開催は、地元企業にとっては文化支援への理解を示す機会でもあり、企業イメージと存在価値を高めることにつながる。出演する演奏家にとっても、普段接する機会の少ない人々の中から継続的なファンを獲得することに加え、地方から出ることのない地元政財界人、文化人との交流など、都市部とは違ったパトロネージュ（後援）を期待できる。地方での音楽祭は一足飛びに「儲かる」企画ではないが、都市部ではできない小規模企画をラインナップでき、一流の音楽家を間近で見る体験を提供することによって新たなマーケット拡大を見込める施策になると言えよう。

「良質なものなら売れる」幻想を超えて

これは何も場当たり的、また単なる経験則的に広がってきたモデルではない。

1980年代、経営学者フィリップ・コトラーのマーケティング理論が欧米のオーケストラでも受け入れられ、コトラーの唱える「ニーズに応えて利益を上げる」という考え方が浸透し始めた。これによってオーケストラにもマーケティング部門が創立され、また専門組織へ外部委託し、いかに資本主義の中でオーケストラを存続させるかと心血が注がれた時代があった。

しかし90年代後半には、こうしたマーケティング手法には行き詰まりが見えてきた。日本でもバブル期にはとりたててニーズを掘り起こさずとも、経済的な優位性をもって著名な海外演奏家やオーケストラを招致し、企業スポンサーにも困らずチケット収益を上げていたが、バブルが弾けるとそれまでの手法で興行を続けることはできなくなっていった。

これらの変化は単に、経済的な余裕がなくなったというだけではない。芸術団体が顧客のニーズを最大化するだけでなく、アートの「芸術的価値」を担保することにこそ存在意義があることに気づき始めたからでもある。単に売れる企画や売れるアーティストの公演を量産するのではなく、質の高い公演を提供することに加え、それが芸術の継承、文化振興に寄与できているかという視点も必要となってきたということだ。具体的に言えば教育的な意味合いのある音楽祭やアウトリーチ（学校での出張公演など音楽堂以外で行う芸術活動）など、興行視点とは一線を画す供給が生まれたのだ。

しかし一方で、芸術にマーケティング要素が必要なくなったわけではない。興行的なマーケティング手法が行き詰まりを見せた結果、クラシック業界は「そもそも芸術の本質とは」という根本的な問いかけに直面することになったということである。

例えば、仮にどれほど質の高いものであったとしても、それがマーケティングなしに売れるものではないという難しさがアートビジネスにも例外なく存在している。どんなに演奏技術や表現力に長けた音楽家であっても、名も知られぬアーティストの公演チケットは売れない。マーケティングの視点で考えれば、芸術であっても活動の目的達成についての評価指標は経営収支と動員数によって計測されてしまう。しかし、「売れる＝芸術的価値がある」という単純な構図で判断できない分野だからこそ、商業的な成功と芸術的な成功を両立させることが難しいのである。

そこで生まれたのが、「運営と観客」という単純な供給と需要のモデルを超えた、観客側がボランティアなどで積極的に運営にコミットする音楽祭のシステムだ。音楽研究者・志村聖子はこうした地域ボランティアを「舞台芸術におけるディストリビューションの担い手」とし、その重要性を説いている。オーケストラが都市部や他国から乗り込んで一時的に興行を展開する公演ビジネスモデルではなく、継続的な音楽祭の開催と、そこで音楽家たちがその地域の聴衆と交流し、そしてその運営が地域の〝自分ごと〟として行われることで、文化的な定着を促進するということである。

とはいえ、日本国内だけでも音楽祭は小規模のものから大規模なものまで数多あり、生まれては消えを繰り返すものであることは間違いない。メインスポンサーが経営方針の転換で降板したり、資金援助が打ち切られたりする場合も少なくない。自治体からの助成金の規模を縮小されたり停止されたりすることもある。運営側には音楽祭継続のために継続的な資金集めと運営努力が絶えず要求されるのである。音楽祭を継続していくのは大変なことだ。

しかしながら、単発の大型公演による収益を期待できない地方都市においては、地域密着でかつ継続的な音楽祭タイプの音楽振興にこそ、大きな利点がある。その継続を最も助けるのは、地域住民らが参加し続けることで醸成される、人々の音楽への思いなのだ。

地域経済の中での音楽振興のポテンシャル

筆者もまた、2024年から香川県県民ホール文化事業プロデューサーとして、また香川県や徳島県などの公共施設の自主事業コーディネーターとして、さらに市民合唱団を中心とする「かがわ第九」実行委員会委員長として地方の音楽シーンに関わるようになった、地方ディストリビューションの担い手のひとりである。その実感として、地域住民が参加する意義の大きさと影響力は、都市部の大手プロモーターにすら匹敵すると感じている。

なぜなら地方ディストリビューターは、興行公演でチケットを購入してもらう客層とは全く異なる、音楽に興味のある地元住民に直接アプローチできるからである。

地方で興行を打てる有力プロモーターのターゲットは、あくまでも「音楽を聴く」層だ。地方公演ができるのは、チケットの売り上げ予測が立つ、ある程度の知名度と実力を持った音楽家である。そうした公演ではどうしてもチケット価格が高騰しがちで、新規顧客を獲得しづらい。

一方で、地域住民が「音楽を演奏する側」や「演奏者をサポートする側」の場合、そのターゲット層は大きくなる。家族の誰か、知り合いや友人の出演するコンサートに足を運ぶ人々が顧客対象として期待できるからだ。また音楽を通した地域コミュニティの発展は、近年地方行政で多用される「賑（にぎ）わいの創出」というキーワードにも合致する。簡単に言えば、行政からの支援を受けやすいのだ。

もちろんこれは都心部での市民活動にも通じるだろう。大手プロモーターやメディアの手が届かない部分は、都心部の市民の出番となる。

加えて言えば、こうした市民参加型の音楽祭の組織体には、必ず地方の政治家や経済人が密接な距離に存在する。そうした人々と顔の見える距離で意思疎通を図れることは、生活圏内で政治と経済が連携できるということでもある。

そして、こうしたネットワークはそのまま、行政や公立文化施設の指定管理事業者に直接働きかけられる力を持つ。人口や資金力をはじめ、何もかも都心部に敵わないと思えても、それを逆手に取れるポテンシャルが地方にはある。理想と希望をつけ加えるならば、小さな市や町だけでは考えられない企画も、市区町村が横につながることによって経費負担を分散させ、人的リソースを分かち合い、合同で市場の掘り起こしができるのではないかと今、まさに筆者も近隣県や市町村の施設と話し合っている。行政の管轄が異なるため難しさはあるものの、文化施設の指定管理事業者や芸術団体など民間のつながりによってアライアンスは模索できる。これもまた、巨大行政区や大企業などの大所帯を持たない、地方の長所だ。

これがすなわち、資本主義的なマーケティング手法と乖離せざるを得ない、芸術分野のポジティブな側面ではないだろうか。

第8章

社会にクラシックをつなぐには

クラシック音楽が生まれた欧州の歴史、またそれが伝わって発展したアメリカのクラシック音楽業界の発展の経緯を振り返ると、音楽芸術が市民に根差し、文化として発展するには長い年月を要することが理解できた。そして政治や社会の変化に影響を受けながらも、クラシック音楽は時代に応じて適応してきたことも見てとれる。

そのうえで、冒頭の問いに改めて立ち返りたい。

「なぜ日本でクラシックを?」という問いである。

なぜ西洋の古典音楽を日本で演奏し、聴衆はそれを聴き続けるのか。なぜ日本のクラシック音楽を未来に守り伝えなければならないのか。そのためには何が必要なのだろうか。クラシック音楽が日本に伝搬してきた歴史と、その発展。そしてまた音楽ビジネスとディストリビューションへの提言に加えて、これまでの音楽教育とその成果に着目しながら、最後に改めて整理したい。

苦境に立つ音楽大学

音楽取調掛が設けられ、日本の西洋音楽教育の基礎が固まった明治期以降、留学から帰国した学生たちと西洋から来日した者との交流の中で、人々の暮らしにクラシック音楽が流入し、それを学ぼうとする人々が現れ始めた。

現在日本には東京藝術大学、武蔵野音楽大学、桐朋学園大学、国立音楽大学など、数多くの音楽大学があるが、それらはどのように生まれたのだろうか。

武蔵野音楽大学の前身である武蔵野音楽学校が創立したのは1929年で、戦後の1949年に日本初の音楽大学となった。創設者の福井直秋は1928年に創設された第一次帝国音楽学校の校長で、同校の教職員を引き連れて武蔵野音楽学校を作るに至った。ちなみに、1930年に「第二次帝国音楽学校」として帝国音楽学校の再開校に尽力したのがヴァイオリニストの鈴木鎮一で、のちの「スズキ・メソード」の創設者である（第二次帝国音楽学校は1945年の東京大空襲による焼失で廃校となっている）。

同じ私立の有名大学としては、桐朋学園大学音楽学部が設立されたのが1961年のことだ。仙川の山水高等女学校が前身で、音楽科のルーツは齋藤秀雄・井口基成らの「子供のための音楽教室」（1948年開設）にある。幼き日の小澤征爾が通った音楽教室である。現在、日本のクラシック音楽家を目指す若者たちにとって〝桐朋〟は憧れのブランドだ。作曲家三善晃やチェリストでサントリーホール館長の堤剛らが教鞭をとり、ピアニストでアリオン音楽財団理事長だった江戸京子や、ベルリン・フィルの第一コンサートマスターを務めた安永徹（やすながとおる）を筆頭に、多数の世界的音楽家が同校の出身者である。

それでは現在の日本の音楽大学の数はどのくらいかというと、音楽学部やコースを持つなど音楽関連のカリキュラムを持つ大学は54校だという（株式会社ライセンスアカデミー社調べ。サウンドデザインや文化創生などの学部学科も含む）。しかし2000年度から2020年度までの21年間で増減はあるものの、およそ80校もの音楽教育系大学があったとされ、そうすると現在その数は7割程度まで減っていることになる。

昭和後期のバブル期頃までは、純粋な音楽への興味関心や、「音大に行けば奏者になれる」と大きな夢を抱いて音大に進学するのは珍しいことではなく、日本の家庭にもそれを支える経済力があった。しかしながらバブル崩壊から始まる長い不況、そして少子化が加速したことで、多くの大学が経営に不安要素を抱えるようになった（これは音大に限った話ではないが）。2020年7月に東京都の上野学園大学が次年度からの学生募集を停止すると発表したことも話題となった。

学生数も見てみよう。文部科学省の調査によれば、1990年度には2万2053人いた音楽関係学科の学生数は、2020年度には1万5592人まで減少したという。実に3割の減少である。大学の定員割れも相次いでいる。2012年以降、音楽学部の入学定員充足率はずっと9割程度で、大幅な定員割れとなっている（日本私立学校振興・共済事業団調べ）。一般大学を含めた入学定員充足率の平均は102・6％なので、音楽関係大学の不振と苦況は明らかである。

音大に行っても音楽家にはなれない？

これには、音大の学費が一般大学（文系学部）の2倍以上かかることに加え、演奏レッスンなどで追加費用が必要となることから、不景気の時代に学費を捻出するのが難しくなったという経済的な要因がまず挙げられる。とはいえ、全体の大学進学率は2000年度の39・7％から2024年度には59・1％まで上昇している。子どもの数は減っている一方で、大学進学希望者が増えているということは、音大に生徒が集まりづらくなっているのは確かなようである。

音大が避けられるようになっているのには別の理由もありそうだ。先行きが見通しづらい社会情勢の中で、高い学歴が必要だという意識の高まりや、キャリア支援を積極的に行うなど就職に関しての面倒見のよさが大学選びの中で重視される傾向もある（就職先の紹介だけでなく、インターン求人確保やキャリアサポート、エントリーシート作成補助、果ては親へのサポートまで行うところさえある)。そうした流れの中で、学生たちは希望の職に就けない(音楽家になれない)かもしれない、また音楽家になれたとしても不安定な職業であることから、音大を避けているという見方もできる。

確かに音楽だけで生計を立てられる演奏家は多くはない。日本のオーケストラは数こそ多いが、入るのは至難の業である。一団体に年に数人の奏者公募があればまだよいほうだ。オーケストラに所属できたとしても(第1章で見た通り)十分な給与体系とは言えない団体のほうが多いし、フリーランスならば経済的な自立はさらに難しい。「音大に行ってもなかなか演奏家になれない」というのが、今の日本の偽わらざる実情だ。

しかしながら、この「音大に行っても」という条件付けについて、今一度振り返ってみる必要があろう。

そもそも大学とは、学術を中心として真理を探求し、専門の学芸を研究することを本質とするものだ。文部科学省が発表している中央教育審議会「我が国の高等教育の将来像(答申)」の中でも、次のような記載がある。

今後の知識基盤社会において、我が国が伝統的な文化を継承しつつ国際的な競争力を持って持続的に発展するためには、知的創造を担い社会全体の共通基盤を形成するという大学の公共的役割が極めて重要であり、大学はその設置形態のいかんを問わず、大学としての社会的責任を深く自覚することが必要である。

大学は個々の希望する職業に就くために存在するのではなく、社会全体の知的基盤を形成するためにこそ存在する。音大にしても同様ではないだろうか。明治の先人が西洋音楽の日本での発展を目指して音楽教育機関を整備したのは、「商業的に成功する演奏家を育てる」ためであったのだろうか。

法律学科の学生がみな法曹界で仕事を得るために進学するわけではないように、教育学部の出身者がみな教員になるわけではないように、音楽大学への進学を音楽家に「なれる」「なれない」で考えるものではないということを改めて確認したい。

ちなみに欧州ではどうかというと、例えばクラシックの本場ドイツでは「総合大学」「専門大学」「芸術大学」と、大学の位置付けが明確に3つに分けられている。総合大学は研究と教育を通じて学問の発展に寄与することが目指され、専門大学は応用志向の教育を通して職業教育を行うことを主な目的にしている。これに対して芸術大学の目的は造形芸術、音楽、表現メディア芸術などの分野で芸術家を育成することとされ、そのための高等教育機関が24校存在する。

学生数やその研究分野、専攻から見ると、総合大学は音楽学や音楽史などの学術系分野を担い、芸術大学は主に器楽や管弦楽などの演奏系分野をほぼ独占的に担っている、つまり、音楽研究者は総合大学へ、音楽教員を目指すものは専門大学へ、演奏家を目指す者は芸術大学へ進学することになる。芸術大学は専門性と実践力を身につける場所と言えばよいだろうか。

日本で音楽大学のイメージは、ドイツで言う「芸術大学」の要素が強いように感じる。昨今の日本では、音大に対して演奏家になるために必要な権利関係の講義やブランディング、個人事業主の税法セミナーの開講までもが要望されたりしているからだ。大学で音楽を学ぶことと就業が直結して、演奏や作曲などのプロになりたい学生が多いからこそこうした流れが生まれる。しかし社会の中で音楽、ひいては音楽教育のプレゼンスを高めていくためには、音楽大学はそもそも学究の場であると広く伝えていくことも必要なのではないだろうか。

「技術革新が進むほど、人間理解が求められる」

もう少し音楽教育の中での芸術とビジネスの折り合いについて考えてみたい。

芸術としてクラシック音楽が守られていることを踏まえ、それを受け継いでいくための音楽家を育成するという面で大学の役割が大きいことは言うまでもないが、それだけでなく、音楽を学ぶことと演奏家を育成することが直結しない大学での学びと研究も存在する。リベラル・アーツ教育である。

アメリカで1754年に創立したコロンビア大学では、1947年から「音楽人文学」と「美術人文学」が全学必修科目となった。音楽人文学とは、西洋音楽史を学びながら音楽家の思想や芸術観を学ぶカリキュラムである。講義で音楽に触れるだけでなく、コンサートホールで実際に演奏を鑑賞し、批評を行い、ディスカッションも行う。

また、アメリカ最古の大学であるハーバード大学には、1885年に音楽学科が誕生している。ここでは音楽文化や歴史とともに作曲、音楽理論、分析、批評といった、音楽を学問として極めるカリキュラムのほか、演奏家や音楽教育者を目指すための集中的なコースも設置されている（現在では音楽学科のカリキュラムも「一般教養科目」であり、どの学部でも受講可能だ）。

あるいは同じケンブリッジにあるマサチューセッツ工科大学では、全学部の必修科目の中に「人文・芸術・社会学」があり、音楽史や和声・対位法などの理論を学ぶクラスや演奏の実技クラスが充実しており、楽器の個人レッスンを受けることも可能だ。ハーバード大学の音楽科目との連携プログラムも多い。「タイムズ」紙が実施する世界大学ランキングでは、２０１９年度に「芸術・人文学」分野の第2位となるなど、工学系の大学でありながら、リベラル・アーツ教育の比重が高いのである。

約1万人の学部生と大学院生、そしておよそ２０００人の教授や教員を擁し、卒業生らには90名以上のノーベル賞受賞者がいる同校の理念は「学術知と発見の喜びをもって世界の諸問題に取り組むこと」であり、それが多くのイノベーションを生み出している。その原動力のひとつとして、人文学やアートの経験が役に立つことが自覚されているのだ。同大の音楽学科長で作曲家のキーリル・マカンは「技術革新が進むほど、人間理解が求められる」と言う。

こうしたリベラル・アーツの考え方はアメリカに限ったことではない。シンガポールでも２０００年以降、経済発展に必要とされる創造力を文化・芸術教育に求める「ルネッサンス・シティ・プラン」が展開されている。また２００８年には芸術を通じて英語、数学、国語、理科、社会などの科目を学ぶ方法を採用した「スクール・オブ・ジ・アーツ・シンガポール」が設立された。現在は2025年までの長期計画「アート・アンド・カルチャー・ストラテジック・レビュー（ACSR）」の期間にあたり、文化芸術の政策が経済成長の中核を担うと謳われている。

具体的な目標も見てみよう。シンガポールでは2025年までに、国民のうち毎年少なくともひとつの芸術イヴェントに参加する人を80％にまで増やし、さらに芸術文化イヴェントに〝積極的に〟参加する人をそれまでの20％から50％まで引き上げることが目標に掲げられている。資源を持たない国として国力を高めるには創造力の強化が必須で、そのために文化教育に力を入れることを、国を挙げて示している格好だ。

これは同じく国策として文化芸術やエンターテインメント産業に力を入れている韓国とはまた違った様相である。先にも見たように、韓国は経済効果を高めるための文化振興という意味合いが強い。韓国の芸術大学や音楽分野の学校のカリキュラムは商業ベースに乗れるアーティストの育成に直結しており、リベラル・アーツとは内容を異にする部分が多い。

翻って日本はどうだろう。こうした考え方と対照的に、この50年を見ると、義務教育では年々音楽の授業時間が減らされている。

1971年には合計452時間あった小学校6年間での音楽授業時間数は、1992年には418時間、2002年には358時間となり、約30年で100時間近く減少した。その後、ゆとり教育から方針転換し、2011年、2020年の学習指導要領の改訂で全体の授業時間数は増えたが、音楽の授業時間はどの学年も現状維持のままである。つまり相対的に音楽が軽んじられていると言える。中学校の音楽授業も傾向は同じだ。特に中学2年、3年生の時間数は年間35時間で、これは週に1時間も音楽の授業がない計算である。

義務教育と高等教育を同一に論じるのはフェアではないとはいえ、この日本の義務教育の「音楽軽視」は、質の高いイノベーションのために音楽など人文分野への理解が不可欠だとするマサチューセッツ工科大学や、リベラル・アーツを国力を高めるために推進するシンガポールの方針とは正反対である。

日本の初等・中等教育は、子どもの豊かな心や健やかな体を育成し、未来の社会を切り拓くための資質・能力を養うこと、そしてその能力を社会と共有していくことが目的とされている。それがその先にある社会、国、地球全体の利になると考えられているからだ。

この理念そのものは、リベラル・アーツで目指すところと何ら変わりはない。他教科とのバランスや受験との兼ね合いで音楽教科の扱いが難しいことは致し方ない部分もあろう。しかしそうであればなお、不足している音楽という「人文知」を学校以外で子どもたちへ与え続けることこそが、今のクラシック音楽界に求められていることではないだろうか。

若者の「クラシック離れ」のウソ

ではそのためにどうしていけばいいか、という話に当然なる。

本書では日本と世界のクラシック音楽の文化的な歴史と産業的な歴史について様々に考察してきたが、それらを踏まえると、日本のクラシック文化を絶やさずつないでいくための即効性のある「特効薬」ばかりを追求することは現実的ではないように思える。

市場経済からクラシック音楽を見る場合、前章で述べたアーツマーケティングのように、アートと市場のクロスポイントを最重要視し、短期的に実益を生むことが目指される。マサチューセッツ工科大学のイノベーションのための人文教育も、実は視点を変えればこちらに近いのかもしれない。

しかし、教育的側面を考えるならば、当然それは長期的な計画と視座を持たねばならず、ビジネス面での短期的な利潤追求とは相容れないところが出てくる。

クラシック音楽という芸術は、歴史と民族と社会に密接に関わりながら生み出され、洗練されて生き残ってきたものだ。そして、それを再現しようとする卓越した技術を持った演奏家がつないできた歴史の上に存在している。それを理解するには知的好奇心やある種の教養と社会経験が必要で、それは努力なくしては獲得し得ない。一方で、西洋でも東洋でも、そしてどの時代でも、クラシック音楽は何らかの援助を受けながら、つまりは市場経済の中の純粋な利潤追求とは離れたところで存在してきた。それは帳簿上に表れる数字だけでない「利益」が、それぞれの時代で実感されてきたからに他ならない。

だから今、「クラシック音楽は儲かる／儲からない」という短絡的な見方で危機をとらえることは、どれほど不毛なことだろうかと思うのだ。もちろん興行である以上、前章で論じたように、市場の中でどのように存在していくかというビジネスの視点は不可欠である。しかし同時に、人間の価値を高め、次世代の世界につなげていくための文化的体力を育てるための長期的戦略として、この問題を考えることがまずもって必要だと筆者は考える。

少子化と超高齢化社会が加速する中にあって、クラシック音楽の市場規模が縮小していく懸念は当然ある。「クラシックコンサートには客席に老人しかいない」と揶揄されることもある。この先さらに若年層の人口が減り、ファンが高齢化していく一方だという印象は根強い。

しかしながら、明確に逆の事実を示すデータが存在する。

総務省が発表している「平成28年社会生活基本調査結果」に付された「時系列統計表」第3表で、クラシック音楽の公演に足を運ぶ人の割合を1991年と2016年とで比較すると、例えば65〜69歳の層では4・3％が11・3％に、70歳以上では1・8％が8・5％に増加している。しかし、若年層（20〜39歳）の割合にはほとんど変化が見られない。人口は減っているが割合はほぼ同じということは、つまり、「若者のクラシック離れ」が起きているわけではないのである。

これについては、2017年に行われた東京都歴史文化財団による首都圏の若年層（18〜39歳）調査においても裏付けられている。調査対象者3000人のうち、クラシック音楽に「興味がある」人と「まあ興味がある」人の割合はそれぞれ16・2％、29・2％で、合計45・4％という高い数値が出ているのだ。

人口減による実数としての変化はあるものの、これらのデータに基づくと、若年層のクラシック音楽への興味関心が薄まっているわけでないことに気づく。興味を持つ若年層は確実に一定数いるのだ。そしてそれは、第1章で述べた都響の例のように、音楽鑑賞会や学校への訪問演奏などで、子どもたちに対してクラシック音楽業界が地道に種をまき続けてきたことの成果なのではないだろうか。

「横につなげる」団体こそ必要

だからこそ、これまで継続してきた次世代への取り組みをやめることなく、効果的に続けていくことが重要だ。学校教育で音楽の授業時間が減る今、ビジネスの視点も含めて音楽教育と次世代の演奏家育成を考える時、筆者はそこにいくつかの戦略を取ることができると考える。

まずひとつは、興行とアウトリーチを密接に絡めることである。

これは現在すでに国内外問わずほとんどのオーケストラが取り組んでいることである。ベルリン・フィルやウィーン・フィルといった世界最高峰のオーケストラも、定期的に学校訪問やサマークラスなどで子どもたちへ音楽に触れる機会を提供している。オーケストラごとのアウトリーチ活動やファンサービスはビジネスのセオリーである。次世代のファンを育て、エンゲージメントを獲得する手法だ。

次世代教育という視点で考えると、アウトリーチこそクラシック音楽の本来の魅力が発揮できる分野である。公演チケットを買わずとも、興味関心のあるなしに関係なく、学校や地域など子どものいる場所にこちらから出向いていって、クラシック音楽に接する機会を積極的に与えていく。まだなんの経験のない、何の知識もない子どもたちだからこそ得られる音楽の感動もある。それまで聴いたことのない音色に、ただただ単純な驚きや発見を覚えることもあるだろう。ベートーヴェンが誰かを知らずとも、第九の圧倒的な迫力に心打たれることもあるだろう。そうした幼少期の豊かな音楽体験から、明日の音楽市場を支える聴衆になるかもしれないし、何千人かのうちのひとりが、その時感じた音楽を忘れずにいて音楽家になることもあるかもしれない。そうでなくとも、肌身で感じた音楽そのものが人格形成に寄与し、子どもたちの未来を生きる原動力になるのではないか。

課題もある。いくら楽団がアウトリーチを広く行おうとしても、公教育の場で機会を提供したい場合、日本では教育委員会との連携が必須で、その連携が容易ではないからだ。都道府県が管轄する高等学校と、市町村が管轄する小中学校では対応する担当部署が違う。それぞれに方針も許諾プロセスも違う教育委員会に個別対応できるだけの余力は楽団になく、結果としてアウトリーチは〝いつも同じ〟になりがちである。

また首都圏は学校数も演奏家も多いため鑑賞機会が作りやすいが、地方ではそうはいかない。オーケストラが地方公演を行うこと自体、旅費交通費などのコスト面で負担が大きい（加えて観客規模もどうしても劣る）。アウトリーチ以前にそもそも興行の機会が少ないのが現状だ。

こうした文化的不均衡を脱するために、アウトリーチ活動の運営をまとめるプラットフォームや団体の創出、設立を願う。

アメリカのＮＥＡがオーケストラへの助成金集めや配分を集中して担っているように、またイギリスのアーツ・カウンシルのように次世代への機会提供をミッションとする団体のように、クラシック音楽業界を横につなげてアウトリーチ活動の内容を計画立案し、寄付を募ってサポートする団体が日本にも必要だ。公演の主催者やオーケストラの事務局任せでは負担の大きい活動も、そうした団体が近隣自治体や学校との連携を肩代わりしてくれれば、アウトリーチ活動は活性化する。

公立施設の横のつながりとしては「公益社団法人全国公立文化施設協会」（正会員1316施設）があり、運営や企画、情報交換などを互助する団体はすでに存在しているが、地方ごとのアウトリーチ活動に特化して包括的なサービスを提供できる組織があれば、可能性は広がっていくだろう。

アウトリーチのための協賛金や寄付金集めも同様だ。活動をまとめる団体があれば、国内という括り(くく)りの中で全国の企業から協賛金や寄付金を募り、各地方に配分し、同時に出資した団体がスポンサーとして企業価値を高める施策を考えることができる。個人レベルでの寄付や支援も、地域コミュニティの形成を行いながら音楽支援につなげる活動を喚起できるのではないだろうか。

草の根的な活動で短期的な成果が見えづらいからこそ、ビジネスサイドだけに任せず、地域の人々との関わりの中で大きく効果を発揮できるのが、市民団体や個人によるアウトリーチ活動や音楽祭である。これは筆者の偽らざる実感であるが、地方ではビジネスも個人的なつながりで検討される場合が多く、〝知っている人の知っている企画〟ばかりが継続されてしまうケースがままある。つまり新規参入が難しく、企画に変化を生みづらい。変えようとしても変えるための手立てや人脈がない。こうした硬直化を防ぐためにも、横につながるプラットフォームを活用できるのではないかと思うのである。

日本におけるクラシック音楽文化の継承を考える時、ひとつはもちろん経済的に成り立つ興行を行い、ビジネスでの側面で「成功する」音楽家が確かに存在していることは重要である。「食べていける」音楽家たちが日本のクラシック音楽界を牽引していることは間違いない。しかしながらこれまで見てきたように、クラシック音楽は市場経済とは相容れない形で存続してきたことも事実である。

であるならば、教育として、教養として、人間が生きるうえでの心の糧（かて）としての角度から、日本のクラシック音楽を考えたい。そしてそれならば、国内のどこに住んでいても等しくその文化に触れられるべきだ。

だからこそ、都市部と地方の格差を埋められる教育的アウトリーチ活動のプラットフォームが必要なのだ。それがあれば、クラシック音楽はその地に生きる人たちがコミュニティを形成しながら、特色ある文化を形成する一助になるだろう。

真の芸術に宿る普遍性

地方でのクラシック音楽の土壌についても最後に触れておきたい。

くどいようだが、クラシック音楽はどうビジネスとして展開していくか、経済性を高めるかという短期的視点のみで考えることは難しい。トップソリストや一部の有力オーケストラが音楽市場の中で生き抜いており、そのパイ争いは今後も進んでいくだろう。一方でリスナー、愛好家を音楽市場の中で考えた時に、クラシック音楽業界が次の時代の顧客を育てるには、教育の中に組み入れて次世代が育つのを待つ必要がある。だからこそ、そのひとつの試みとして教育分野へのアウトリーチや、市民活動と連携できる、地域に根差した音楽祭によって、地域の中で音楽体験を増やし続けていくことが重要だ。

日本の地方都市にも、同じ地域にいるごく一部の人が知っているというだけにとどまっているが、様々なアマチュア音楽家や音楽愛好家が存在している。公益社団法人日本アマチュアオーケストラ連盟（JAO）に加盟するアマチュアオーケストラだけで、現在131もの団体がある。また、独自のオペラ創作や公演企画など特色ある活動を展開している地域もある。

当地の人々によって構成されるその土地ならではの音楽は、文化の根本である。趣味や生きがいとして、音楽をともに分かち合いたいと思う人々がコミュニティを作り、それぞれの事情の中で集まって演奏を行う。そうして生み出される音楽には格別のエネルギーが存在する。そう考えると、アマチュア演奏家とプロの奏者が一緒に行える演奏活動があれば、市井の文化の土台の上に、より質の高い芸術が成り立つのではないか。そしてそれが、若い世代の柔らかい心に種をまくことになるのではないだろうか。

日本全国にプロフェッショナルな音楽を広めていくという横軸と、地方地域に根差すアマチュア音楽家たちの活動を活性化させるという縦軸の交差点をどう作るか。これが今後の日本のクラシックの、大きな課題であり、可能性である。

ひとつ個人的な例を挙げることをお許し願いたい。

筆者の育った香川県ではこれまでに36回、コロナ禍の休止期間を含めるとおよそ40年にわたって、「かがわ第九」という市民参加型の第九の演奏会が続けられている。プロのオーケストラの奏でる音楽に、プロ声楽家をソリストに迎え、市民合唱団がそこに加わるコンサートである。2024年11月は粟辻聡（あわつじそう）指揮による関西フィルハーモニー管弦楽団とともに演奏を作り上げた。120名以上の市民合唱団には小学生から90代までの合唱愛好家が全国各地から参加し、筆者もこの舞台に立つ経験をしたのだが、音楽業界の裏方での業務経験しかなかった筆者にとっては、これが初めてのオーケストラとの舞台上での共演であった。

これまで幾度も録音業務で舞台袖から、あるいは観客として客席から、多くのオーケストラの奏でる第九を聴いてきた。それでも、この時オーケストラの後ろで自ら歌うことで

2024年の「かがわ第九」の様子

得た音楽の融合と音楽への理解は、観客としてのそれとも、仕事としてのそれとも、圧倒的に違っていた。音楽を作る一員としてそこにいることでしか得られない種類のものが、そこにはあった。第九の初演からちょうど200年が経った2024年、ベートーヴェンの思いはそこに普遍的に存在し、その芸術的価値は子どもでも90代でも同じように受け取れるものであることを実感した。

その音楽から与えられる心の機微は、舞台に上がっていた人はもちろんのこと、それを聴きに来た観客にも大いなる「歓びの歌」として伝わっていたように思う。もちろんそれは、プロの演奏、ソリストの歌声が支えていたからである。ちょうどそれは、第九初演の際にウィーンの音楽愛好家、ディレッタントと呼ばれるアマチュア音楽家だけでは成り立たず、宮廷歌劇場管弦楽団員（のちのウィーン・フィル奏者）らプロの演奏家を組み込んで、プロアマ混在のステージとしたのと同じではないだろうか。

ドイツ語を母語とする彼らが歌う第九と、日本人の歌うドイツ語の第九とでは、もちろん違いはある。しかしながら、歌に込められた思いや楽譜に示された作曲家の意図は、時を超え、国も民族も言葉も超えて、そしてプロもアマチュアもなく、音楽を愛する人々が互いに差し出す温かな感情を湛えながら、そこに確かに存在していたのである。

真の芸術は、人種や民族的な問題から個人の指向に至るまで、どのカテゴリに源流があるか、どのカテゴリが正統かという所属の問題に与しない。そこに内在する作家と作品のバックグラウンドから放たれる人間への問いかけは、受け手のバックグラウンドを通して熟成されて、価値を見出されたものだけが残り、そして次世代へつながれてきた。だからこそ、はじめて西洋音楽に触れた明治期の日本人の若者が自分のものとしてそれを持ち帰り、日本の音楽教育としてそれを構築せんとした。それが礎となり、現在を生きる私たち日本人の心を支える音楽が生み出され続けている。

日本人がなぜ、クラシック音楽を演奏し、聴かなければならないのか。

その答えはそれぞれの心に、それぞれの生き方の中にすでに、静かに確実に、存在していたのだ。

おわりに

日本人がなぜクラシック音楽をここまで大事にしているかという疑問から、歴史とデータの海を泳ぎながら、いやむしろ溺（おぼ）れかけながら、息も絶え絶え流れ着いたこの場所が、結局いったいどこなのかと読者の皆様は思われているかもしれない。読後に辿り着く向こう岸には、端的に示された明確な回答と指針、商業的な解決策と輝く未来があると信じて読み進めてくださったかもしれないし、予想通りの島に流れ着き、我が意を得たりと感じている方もいるかもしれない。

私は音楽家ではない。大学で音楽を専門に学んだわけでもない。ただただ幼い時からピアノの前に座り、音を出し、それが音楽になっていく瞬間が好きだったひとりの愛好家である。ショパンに憧れ、ハノンの練習を嫌い、ピアノの先生に隠れてポップスの伴奏を弾き、ジャズのコードをこっそり真似て弾いていた。初めてオーケストラの生演奏を聴いたのは、小学生の頃だった。高校生の時に聴いたマーラー作曲の交響曲第5番がその後の人生を決定づけたのかもしれない。あの時体全体で感じたオーケストラの音の迫力と、迫り来る、そして同時に突き放すような感情の波と、そしてある種の恐怖に近い畏敬が、私の音楽愛に火を灯した。大人になってもそれは小さく、しかし確かに燃え続け、今では録音や企画を行う仕事に従事している。そう、私自身が日本の音楽教育が生んだ成果のひとりなのだ。

これだけ長くクラシック音楽に触れていても、そして仕事として関わっていても、まだ出会ったことのない楽曲、知らない演奏家、聴いたことのない録音が数多く存在する。バッハだけでも1000曲あるのだ。知っていると明確に言えるのは、ほんのごく一部だろう。そして私自身は、音楽に対する審美眼に自信を持っているわけでもない。信じているのは、作品を残してきた多くの音楽家の努力と才能であり、数多のクラシック音楽愛好家たちの探究心の集合体のほうだ。

だからこそ、クラシック音楽は芸術なのだとも言える。歴史の中で生まれた膨大な数の作品の中で、長い年月をかけ、その時代時代で人々の評価を得て、演奏したいと思う音楽家の思いをつなぎ続けてこられたのが、今に残るクラシック音楽である。そんな選りすぐりの精鋭のような作品が、今のクラシック音楽界を彩っている。それらのどれもが強烈な光を放ち続けているのだから、この音楽に価値がないはずがない。さらに今、同じ時代を生きる演奏家たちがその音楽を目の前で再現してくれる。そしてその演奏空間に私たちはともに存在することができる。これほど魅力的なものがあろうか。

コロナ禍で世界中の音楽が止まってしまった時には、音楽家たちは何とか再開の道をと奔走してくれた。自宅リビングから配信をする音楽家や、オンラインでの合奏、奏者間距離を保ってステージから演奏を届けてくれたオーケストラもあった。そうして演奏されたクラシック音楽に、どれだけの人々が癒やされただろうか。音楽が今ここに存在していること、それを享受できる時代であること、そしてこの歴史をつなげてくれた先人たちがいることに心から感謝した。あの辛い時期に私自身、どれだけ救われたかわからない。

だからこそ、「クラシック音楽は終わっている」「もう続かない」という意見に、なんとか客観的事実を踏まえて反論を試みたかった。想像通りだったこともあれば、一般的に言われていることと正反対の事実を示す結果もあった。特に若者たち、次世代についての調査結果は、小さくとも確かで明るい、頼り甲斐のある光と言えるのではないか。

クラシック音楽に関する先行研究や書籍の多さも、この本を書くうえで非常に大きな助けになった。とはいえ、クラシック音楽とひと括りにされていても、大規模なオーケストラから小規模の楽団、あるいはピアノや声楽などのソリストの活動とでは経済状況も規模も全く異なり、運営形態も様々にあるし、市場も一致していない。そのため研究やデータは細分化され、省略され、全体像が読み取りづらいこともわかった。

音楽市場のデータひとつ取っても、クラシック音楽の音楽市場全体に対する経済的な影響力の低さからか（クラシック音楽の市場は全体の2・5%程度という数字もあるほどだ）、解像度の低いデータしかない場合もあった。これがつまりは、クラシック音楽を論じる難しさである。そしてまた、各国それぞれにクラシック音楽に出会い、発展させてきた独自の歴史と文化がある。それもまた分析と考察が難しい点である。今さらながら、私はとんでもなく大きな海に、かくも無防備に飛び込んだものだと改めて感じ入るところである。

経済的にも不安が漂うこの令和の日本で、クラシック音楽が果たしてこれからどうなっていくか。およそ楽観的には考えられないというのが本当のところだろう。ただ、私はクラシック音楽を信じている。いや、クラシック音楽を愛する人々のことを信じている。どんな時代になろうとも、クラシック音楽を必要とし、何とか残したいと熱望して汗をかく人々がいる限り、経済的な成功とは別の意味で、クラシック音楽は人々の間で、きっと残り続けていくだろう。

アートは言葉を超え、命を超える。
それは全ての人が時代を超えてメッセージを発信するための普遍的な方法だ。

音楽プロデューサーであるリック・ルービンのこの言葉は、この本を執筆する間、常に私の中に〝通奏低音〟としてあった。クラシック音楽を愛する方々もまた、この言葉の意味と私の意図を違えず汲んでくださると確信している。

この本を書くにあたっては、前著『ウィーン・フィルの哲学——至高の楽団はなぜ経営母体を持たないのか』に続いて編集を担当してくださった田中遼氏にまずは心からの感謝と敬意を表したい。データの海で溺れそうになる私に的確な方角を示し、浮き輪を投げ入れ、最後は一緒にオールを漕いでくださった。正直に言えば、このあとがきを書いているまさにこの瞬間も編集作業に追われているので、実際のところは私が海に突き落としている感もあるのだが。編集者に助けてもらいながら、自分自身が音楽家を支えるためのノウハウをもらっているようにも感じている。それから今回は校閲をご担当いただいた金子亜衣氏にも厚くお礼申し上げたい。なにしろ、世界のあちこちから引っ張ってきた資料の数々である。それらを全てひとつずつ丁寧に、数字などに間違いがないか、計算の間違いがないか（正直、山ほどあった）確認してくださり、どれだけ助けられたか。正確で細やかな作業に感謝申し上げたい。

また、私に活動の状況を教えてくださった、日本をはじめ各国のクラシック音楽家の皆様にもここでお礼をお伝えしたい。とりわけドイツのオーケストラ事情を詳細に教えてくださったハイデルベルク在住のヴィオラ奏者、矢崎裕一氏に最大級のお礼を申し上げる。マンハイムの給水塔のそばにあるカフェのテラス席で、何時間もお付き合いいただいた晩秋の午後が、今も懐かしく思い出される。矢崎氏のように日本で生まれ育った演奏家が今では本場ドイツで多く活動しており、幸田延から続く歴史に想いを馳せると、胸に熱いものが込み上げてくる。時間は流れ、世界はつながり、音楽は生まれているのだ。

最後に、この本をお読みくださった皆様に。どうか悲観ばかりせず、この本に示した歴史と調査結果を冷静に俯瞰していただきながら、これからのクラシック音楽の発展と継承のために、一緒に策を考えていただければ幸いである。そして何よりこれからも、愛するクラシック音楽を、愛する人たちとともに、愛する場所で、温かく優しく、時に厳しい目をもって、楽しんでいただけたらと願う。

渋谷ゆう子

2025年2月7日

主な参考文献

・青柳いづみこ『パリの音楽サロン――ベルエポックから狂乱の時代まで』岩波新書、2023年
・秋元雄史『アート思考――ビジネスと芸術で人々の幸福を高める方法』プレジデント社、2019年
・アリス・M・ベーコン著、矢口祐人・砂田恵理加訳『明治日本の女たち』みすず書房、2003年
・猪木武徳『社会思想としてのクラシック音楽』新潮社、2021年
・ウィリアム・ウェーバー著、城戸朋子訳『音楽と中産階級――演奏会の社会史〈新装版〉』法政大学出版局、2015年
・ウィリアム・J・ボウモル、ウィリアム・G・ボウエン著、池上惇・渡辺守章監訳『舞台芸術――芸術と経済のジレンマ』芸団協出版部、1994年
・海老澤敏『瀧廉太郎――夭折の響き』岩波新書、2004年
・大内孝夫『音大崩壊――音楽教育を救うたった2つのアプローチ』ヤマハミュージックエンタテインメントホールディングス、2022年
・大木裕子『オーケストラの経営学』東洋経済新報社、2008年
・大木裕子『オーケストラのマネジメント――芸術組織における共創環境』文眞堂、2004年
・岡田暁生『音楽の危機――《第九》が歌えなくなった日』中公新書、2020年
・岡田暁生『西洋音楽史――「クラシック」の黄昏』中公新書、2005年

・笠原潔『黒船来航と音楽』吉川弘文館、２００１年
・片山杜秀『革命と戦争のクラシック音楽史』ＮＨＫ出版新書、２０１９年
・川北眞紀子、薗部靖史『アートプレイスとパブリック・リレーションズ――芸術支援から何を得るのか』有斐閣、２０２２年
・許光俊『クラシック知性主義』青弓社、２０１３年
・久野明子『鹿鳴館の貴婦人　大山捨松――日本初の女子留学生』中公文庫、１９９３年
・近藤譲『ものがたり西洋音楽史』岩波ジュニア新書、２０１９年
・ジョアン・シェフ・バーンスタイン著、山本章子訳『芸術の売り方――劇場を満員にするマーケティング』英治出版、２００７年
・志村聖子『舞台芸術マネジメント論――聴衆との共創を目指して』九州大学出版会、２０１７年
・菅野恵理子『ハーバード大学は「音楽」で人を育てる――21世紀の教養を創るアメリカのリベラル・アーツ教育』アルテスパブリッシング、２０１５年
・菅野恵理子『ＭＩＴ　マサチューセッツ工科大学　音楽の授業――世界最高峰の「創造する力」の伸ばし方』あさ出版、２０２０年
・瀧井敬子、平高典子編著『幸田延の「滞欧日記」』東京藝術大学出版会、２０１２年
・中川右介『冷戦とクラシック――音楽家たちの知られざる闘い』ＮＨＫ出版新書、２０１７年
・野村三郎『ウィーン国立歌劇場　すみからすみまで』音楽之友社、２０１４年
・萩谷由喜子『幸田姉妹――洋楽黎明期を支えた幸田延と安藤幸』ハンナ、２００３年

・半澤朝彦『政治と音楽――国際関係を動かす〝ソフトパワー〟』晃洋書房、2022年
・松本直美『ミュージック・ヒストリオグラフィー――どうしてこうなった？ 音楽の歴史』ヤマハミュージックエンタテインメントホールディングス、2023年
・宮本直美『コンサートという文化装置――交響曲とオペラのヨーロッパ近代』岩波書店、2016年
・山岸淳子『ドラッカーとオーケストラの組織論』PHP新書、2013年
・山田耕筰『自伝　若き日の狂詩曲』中公文庫、2016年
・山田真一『アーツ・マーケティング入門――芸術市場に戦略をデザインする』水曜社、2008年
・山田真一『オーケストラ大国アメリカ』集英社新書、2011年
・山田治生『音楽の旅人――ある日本人指揮者の軌跡』アルファベータブックス、2006年
・山中俊之『「アート」を知ると「世界」が読める』幻冬舎新書、2024年
・山根悟郎『歴代作曲家ギャラ比べ　ビジネスでたどる西洋音楽史』Ｇａｋｋｅｎ、2020年
・ロバート・リム、クライヴ・ギリンソン著、平野佳訳『音楽と真のリーダーシップ――カーネギーホール総監督兼芸術監督は語る』日本経済新聞出版、2020年

校閲　金子亜衣
本文組版　佐藤裕久

渋谷ゆう子 しぶや・ゆうこ
音楽プロデューサー、文筆家。大妻女子大学文学部卒。
株式会社ノモス代表取締役として、
クラシック音楽の音源制作やコンサート企画運営を展開。
また香川県民ホールプロデューサーとして文化事業に従事している。
著書に『ウィーン・フィルの哲学――至高の楽団は
なぜ経営母体を持たないのか』(NHK出版新書)、
『名曲の裏側――クラシック音楽家のヤバすぎる人生』(ポプラ新書)、
『生活はクラシック音楽でできている――家電や映画、結婚式まで
日常になじんだ名曲』(笠間書院)がある。

NHK出版新書 739

揺らぐ日本のクラシック
歴史から問う音楽ビジネスの未来

2025年3月10日　第1刷発行

著者　渋谷ゆう子 ©2025 Shibuya Yuko
発行者　江口貴之
発行所　NHK出版
〒150-0042 東京都渋谷区宇田川町10-3
電話 (0570) 009-321(問い合わせ) (0570) 000-321(注文)
https://www.nhk-book.co.jp (ホームページ)

ブックデザイン　albireo
印刷　新藤慶昌堂・近代美術
製本　藤田製本

Printed in Japan ISBN978-4-14-088739-4 C0273

NHK出版新書好評既刊

「新しい中東」が世界を動かす
変貌する産油国と日本外交
中川浩一
中東諸国の表裏を知る元外交官が、大規模改革で台頭する「新しい中東」の様相をレポートするとともに、日本が進むべき道を大胆に提言する。
736

「蔦重版」の世界
江戸庶民は何に熱狂したか
鈴木俊幸
蔦屋重三郎の出版物に、なぜ江戸庶民は熱狂したのか。大河ドラマ「べらぼう」考証者で蔦重研究の第一人者が「蔦重版」の真髄を解説！
737

新プロジェクトX 挑戦者たち 4
小惑星探査機はやぶさ
カンボジア奇跡の水道　3・11孤立集落救出
電動アシスト自転車　スケートボード五輪金
NHK「新プロジェクトX」制作班
はやぶさを帰還させた科学者チーム、国境を越えて命をかけた水道マン、ふるさとに救助の道をつないだ被災者。社会を変えた「裏方」たちの逆転劇！
738

揺らぐ日本のクラシック
歴史から問う音楽ビジネスの未来
渋谷ゆう子
なぜクラシックは日本で必要なのか？ いかに存続しうるのか？ 日本のクラシック発展史と海外との比較から、進むべきビジョンを問う。
739

読めない人のための村上春樹入門
仁平千香子
「今さら読み始められない」「読んだけど消化不良」という人へ、「自由」を軸に読めば誰もが村上文学を味わえることを示す。作家像を一新する入門書。
740